IL MURALISTA

GANGALE FRANCESCO

A Virginia, la mia nipotina. Il suo arrivo ha portato tanta gioia nella nostra famiglia.

CONTENTS

INTRODUZIONE

Una mattina, gli studenti della facoltà di Architettura ebbero in regalo una gradita sorpresa. Un quadro con una splendida cornice dorata era stato appeso su un muro del palazzo dell'Università, ma nessuno sapeva chi l'avesse posizionato lì.

L'assembramento degli studenti attirò l'attenzione del solerte custode che, senza alcuna esitazione, prese uno scaletto e salì per rimuovere l'insolito capolavoro. Tuttavia, con grande stupore suo e di tutti i presenti, si scoprì che il quadro non era altro che un murale, abilmente dipinto sulla superficie del muro.

L'opera d'arte, frutto di un'ardua fatica notturna, era apparsa come dal nulla. La sera precedente non ce n'era traccia. Ma come era stato possibile? Per aggiungere un ulteriore tocco di mistero, l'autore del murale lo aveva gentilmente firmato come "Il Muralista".

Nei giorni seguenti, altri murales apparvero come dal nulla, senza alcuna spiegazione, e del "Muralista" nessuna traccia.

Queste straordinarie opere d'arte erano state realizzate con una tecnica pittorica fuori dal comune, capaci di rappresentare con maestria i principali temi trattati dal movimento politico studentesco, così come anche frammenti di vita quotidiana.
La singolarità di questi murales e il fascino avvolto nel velo di mistero del Muralista riuscirono ad attirare l'attenzione non soltanto degli abitanti del luogo, ma anche dei mezzi di comunicazione di massa e dei frequentatori dei social.

Un eminente professore, noto per le sue pungenti critiche artistiche e per la sua penna affilata sulle pagine di una rinomata rivista d'arte, miracolosamente riesce a stringere un contatto con il celebre Muralista, diventando così testimone dei racconti delle sue gesta, garantendo, naturalmente, l'anonimato che avvolge e custodisce il fascino misterioso dell'artista.

I murales, come per incanto, riuscirono a catturare l'attenzione della popolazione locale e non solo, suscitando uno stupore contagioso e alimentando il fuoco dell'interesse e dell'ammirazione per il Muralista e i suoi enigmatici capolavori.

1

Noi siamo l'enigma che nessuno decifra.
Siamo la favola racchiusa nella propria immagine.
Siamo ciò che continua ad andare avanti
senza arrivare mai a capire.
Jostein Gaarder, Maya, 1999

Una gelida mattina d'inverno, in prossimità del palazzo della facoltà di Architettura c'è un assembramento di studenti. Riccardo e Luigi sono appena arrivati e incuriositi si avvicinano.

Gli studenti stanno osservando un quadro appeso al muro.

Riccardo rivolto a Luigi: «Scusa, ma non ti sembra che rap-presenti il tema di cui abbiamo parlato l'altro giorno in assem-blea?»

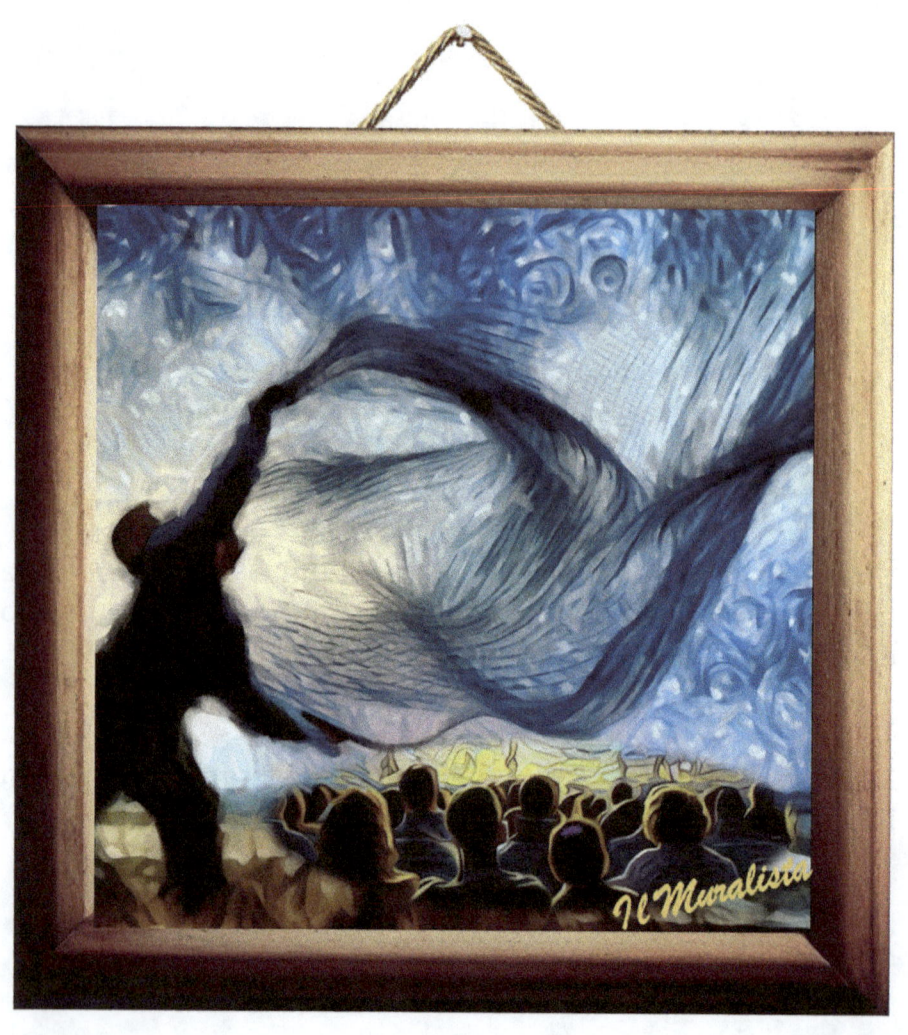

«Tieni ragione Riccardo. Ma potrebbe anche essere 'na coincidenza.»

«Luigi, non credo alle coincidenze. Ma chi l'ha fatto? È molto bello.»

Il quadro, firmato "Il Muralista", è piaciuto a tutti e la firma ha destato molta curiosità. L'autore dev'essere una persona con un grande senso dell'ironia. Chiedono in giro, nessuno sa niente.

Nel frattempo l'assembramento ha attirato l'attenzione del

custode. Al suo arrivo gli studenti fanno spazio. Lui si avvicina al quadro e alza un braccio, ma non riesce manco a sfiorarlo. Si guarda intorno e poi chiede a un ragazzo, che con la sua altezza potrebbe arrivarci, di passargli il quadro. Il ragazzo, sostenuto dagli altri studenti presenti, si rifiuta. Il custode rientra, per poi ritornare subito dopo con uno scaletto. Risoluto, sale sullo scaletto con la ferma intenzione di rimuovere il quadro.

Gli studenti rumoreggiano supplicando di lasciarlo dove si trova, però il custode non vuole sentire ragioni e procede.

Ma quando cerca di afferrarlo resta di sasso. Il quadro non è reale, è un murale. I ragazzi non capiscono subito, ma quando realizzano che si tratta di un murale un'esplosione di gioia travolge i presenti che inneggiano cori come i tifosi allo stadio.

Riccardo e Luigi chiedono in giro, nessuno ne sa niente. Nessuno sa chi lo abbia realizzato. La notizia fa il giro dell'Università e diventa meta di numerosi visitatori e non solo studenti, attratti anche dal mistero di non sapere chi ne sia l'autore e dall'ironia dello stesso firmatario.

La notizia incuriosisce anche i professori che sono venuti ad ammirarlo e anche a loro è piaciuto, soprattutto quando hanno saputo a che cosa si fosse ispirato l'autore.

È chiaro che rappresenti un pescatore con lancia la rete. Solo che le prede non sono pesci ma persone.

Le similitudini con la discussione del collettivo dell'altro giorno sono troppe, non può essere una semplice coincidenza.
Riccardo è convinto che l'autore sia uno studente e che per qualche strana ragione voglia mantenere l'anonimato. Non c'è nemmeno il problema di aver attentato al decoro della proprietà, perché il palazzo è dell'Università e la facciata è malconcia. Magari si realizzassero altri murales, nessuno avrebbe nulla da obiettare.

La sera prima della comparsa del murale, gli studenti del collettivo politico riuniti in assemblea hanno discusso di problematiche sociali. Sono i temi prediletti da Riccardo, Luigi e Rosa.

Come al solito, dopo aver parlato di alcune questioni universitarie, la discussione è stata allargata a tematiche che riguardano l'attualità e quella sera si è parlato anche della rete, delle sue implicazioni e della sua espansione.

Riccardo, uno degli organizzatori, dopo alcune considerazioni è intervenuto mettendo in risalto sia le positività che le negatività della rete.

A completamento di quanto detto da Riccardo, Luigi aveva fatto notare che i protagonisti di internet sono anche fra i più ricchi e potenti al mondo e di come ciò abbia contribuito ad aumentare ulteriormente la distanza tra ricchi e poveri.

Dopo l'intervento di Luigi, Riccardo aveva fatto un cenno di approvazione con la mano e dopo essersi accertato che non ci fossero altre richieste d'intervento aveva dichiarato chiusa l'assemblea. I ragazzi si erano salutati con pacche sulle spalle e cenni di consenso.

Il lunedì della settimana successiva un'altra sorpresa, questa volta nei pressi della facoltà di Architettura. Un altro murale è apparso come dal nulla.

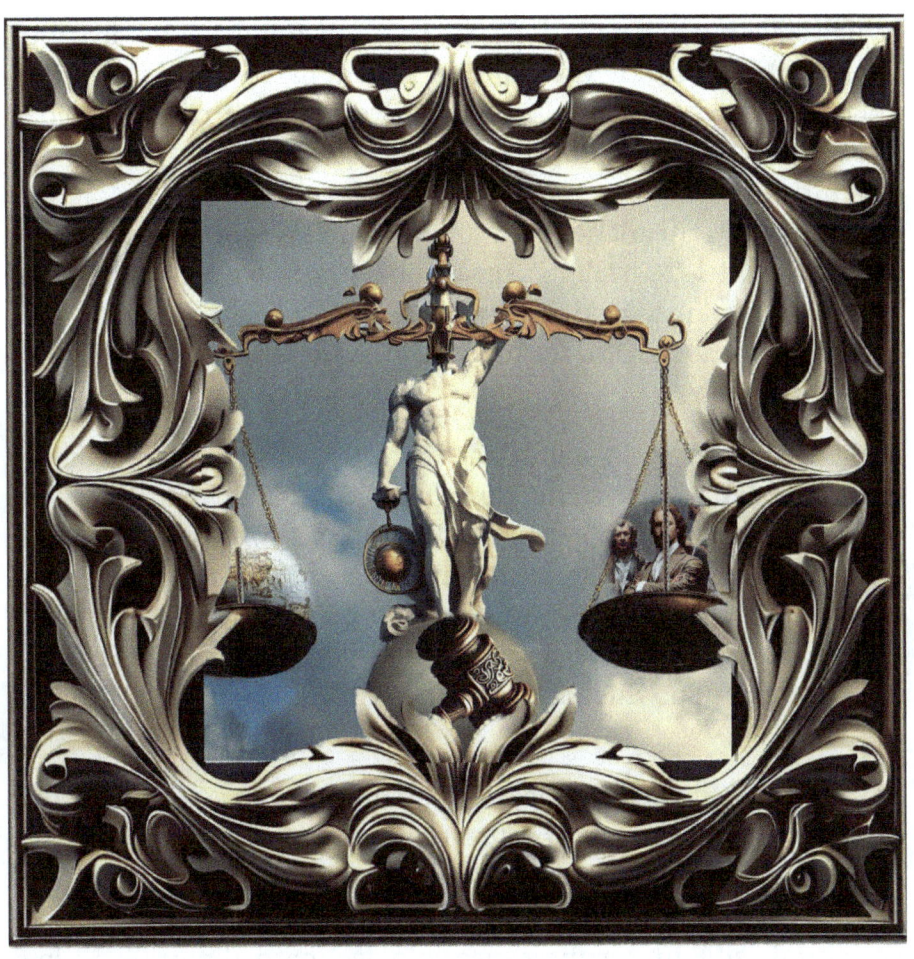

Anche questo sarà stato realizzato di notte, perché la sera prima non c'era.

Il murale è stupendo, con una cornice stile rinascimentale bellissima. Anche questo, naturalmente, è responsabile degli stessi assembramenti di prima. Numerose sono le persone che sono venute a vederlo. Nell'ambiente studentesco si diffonde la notizia e anche quelli del collettivo accorrono.

Riccardo aveva ragione e quest'altro murale ne è la conferma. L'artista in qualche modo frequenta il collettivo, conosce troppo bene gli argomenti delle loro discussioni.

I ragazzi sono onorati della rappresentazione delle loro idee, ma vorrebbero conoscere l'autore. D'altra parte, però, si rendono anche conto che grazie a questo mistero adesso c'è un sacco di gente che s'interessa alle loro attività.

Nell'ultima assemblea l'aula dove solevano riunirsi è piena, non ci sono posti neanche all'impiedi. Quella sera si è discusso soprattutto del "Muralista". Le sue opere hanno riscosso notevole successo e hanno restituito una grande pubblicità allo stesso collettivo, come mai era accaduto prima. La forza delle immagini è stata dirompente.

Fra i tanti che sono venuti a visitare i murales, c'è anche il Professor Capacchione che è un noto critico d'arte. Il Professore scrive su un'importante rivista ed è stato attratto dal mistero del "Muralista", un'ottima storia da raccontare ai propri lettori.

Con lo spirito del giornalista a caccia di notizie, scatta foto e poi chiede in giro, così viene a sapere delle discussioni del collettivo e del fatto che dopo due giorni dall'assemblea sia apparso il primo murale.

Riccardo incuriosito chiede: «Professore mi scusi, sono Riccardo uno studente del collettivo. Questo murales…» Non fa in tempo a finire che il Professore lo interrompe: «Murale!»

«Mi scusi, ma non si chiamano murales?»

«Al plurale sì! È un termine spagnolo declinato al plurale. Se lo si usa al singolare si dice "mural" nella lingua originaria, mentre il termine italiano è "murale". Che cosa mi voleva chiedere?»

«Grazie del chiarimento Professore. A proposito del murale, lei ritiene che si possa considerare un'opera d'arte?» Il Professore è sempre molto disponibile con i giovani e così risponde: «Vede Riccardo, Dante diceva che "l'opera d'arte racchiude un universo in cui l'anima dell'artista ha superato la propria biografia e concretizza forme ancestrali per metterle a disposizione dell'umanità.

L'opera, dunque, diventa cibo psichico, nutrimento dell'anima". L'artista realizza le proprie opere in parte consapevolmente e in parte senza rendersene compiutamente conto. Sta a noi critici, studiando attentamente l'opera, scavare nell'animo dell'artista e tradurre in parole quello che vuole comunicare, perché a volte la sua opera va ben oltre le intenzioni razionali dello stesso autore. Con le parole si può mentire ma con il disegno, le sculture o i manufatti è più difficile e, a volte, l'opera stessa è intrisa di significati che a parole l'artista non avrebbe mai saputo o voluto esprimere. È come se l'autore fosse denudato e derubato della sua riservatezza e le proprie idee e pensieri più intimi fossero messi alla berlina dalla sua stessa opera.

Poi, una volta esposte saranno di tutti e ognuno, a modo suo, troverà quello che in fondo cerca in un'opera d'arte, le emozioni che più appartengono al proprio vissuto e al proprio immaginario. Ma anche alla rappresentazione della vita e del mondo, nello spazio e nel tempo, dal punto di vista più conveniente o in cui ci si sente di più a proprio agio.

Quando un'opera incuriosisce, emoziona, coinvolge o semplicemente fa riflettere, ancor meglio se esprime comprensibilmente qualcosa di complesso è da considerarsi un'opera d'arte.

In questo caso, l'artista ha impresso su muro il succo di una vostra intera assemblea e c'è riuscito egregiamente, mi pare. I dipinti sono bellissimi e sono solo incredulo sulla tecnica. Un disegno talmente ben fatto che sembra una stampa. Mai visto nulla di simile su muro e poi, realizzato di notte, incredibile.»

«Sono d'accordo, c'è riuscito benissimo. Grazie Professore.»

Riccardo è piacevolmente sorpreso dalla capacità dialettica e analitica del Professore. Adesso capisce perché sia tanto sti-mato nel suo campo, ma le sue parole non fanno altro che aumentare la curiosità verso il muralista.

Per il Professore che è anche giornalista, la notizia è troppo ghiotta e dopo essersi ben informato dai ragazzi, decide di pubblicarla su "Artetica", una delle riviste più seguite dagli intenditori di arte e non solo. Conosciuta e apprezzata soprattutto per la caparbietà dei suoi giornalisti nel portare alla ri-balta artisti sconosciuti ai più, ma di eccezionale bravura.

Il nome della rivista prende spunto dalle competizioni degli atleti nei giochi olimpici.
Immaginando analoghe competizioni, "atletica", la disciplina sportiva, diventa "artetica" in quella dell'arte e i competitori sono gli "arteti".

Per completezza d'informazione, dobbiamo ricordare che la parola "artetica" nel dialetto salentino significa "ir- rquietezza", "incapacità di stare fermo con le mani", che non si discosta poi tanto dal significato più profondo di ciò che è la vera natura dell'artista: un animo inquieto. Non a caso chi ha dato il nome alla rivista è di origine salentine.

La parola "arte" viene comunemente definita nei dizionari come "Espressione o applicazione dell'abilità creativa e dell'immaginazione degli esseri umani, generalmente in forme visive come la pittura o la scultura". Nella visione del fondatore della rivista, l'artista rappresenta colui che crea opere senza uno scopo particolare. Mentre "l'arteta" lo fa per interesse, ambi-zione, spirito competitivo. Non solo nei concorsi o nella vendita delle proprie opere, ma anche perché spesso è in gara con sé stesso. I più ambiziosi vogliono creare opere di impareggiabile bellezza che possano renderli immortali.

L'artista ispirato lo fa per imbellente necessità, trovando il massimo piacere nel momento stesso della elaborazione e rea-lizzazione dell'opera.
L'arteta, invece, crea con raziocinio, attaccato fermamente a un risultato che possa procuragli il massimo tornaconto personale. A lui non interessa tanto la qualità intrinseca dell'opera ma, soprattutto, il valore percepito della stessa e quanto gli potrà procurare in termini di notorietà o in soldoni.

Il risultato potrà essere impareggiabile sia nell'uno che nell'altro caso e alla rivista "Artetica" non interessano le motivazioni che spingono una persona a creare quanto, piuttosto, il risul-tato finale.

La scelta del nome "Artetica" e del ragionamento che ne sta alla base, lasciano intendere che tipo sia il fondatore della rivista e il taglio che alla stessa ha voluto dare.

L'esponente più illustre della rivista è il professor Capacchione, docente all'Accademia Delle Belle Arti e famoso critico. Gli ar-tisti e gli arteti più promettenti sono affidati al professore, che li segue con competenza e dedizione.

La rivista è uscita in edicola dopo due settimane dalla rea-lizzazione dei murales ed ha avuto un'ottima diffusione, so-prattutto nell'ambiente universitario. Il collettivo politico e "Il Muralista" sono diventati famosi.

Riccardo, Rosa e Luigi sono a mensa quando, attorniati da numerosi studenti, leggono la rivista.
È Rosa che è incaricata di leggere ad alta voce l'articolo del professore: «Oggi vi parlerò di un intrigante artista. La sua è una storia avvolta nel mistero. Lui si esprime attraverso le im-magini dei murales, utilizzando sapientemente e con la massima perfezione i pennelli.
Le sue opere trattano con estrema sintesi e compiutezza temi semplici e complessi, ma attuali. La tecnica pittorica è davvero straordinaria. Non ho mai visto un dipinto su muro così preciso e dettagliato, molto più simile a una fotografia stampata.

Due settimane fa si è tenuta un'assemblea del collettivo poli-tico degli studenti universitari nella quale, fra l'altro, si è discusso anche dell'impatto di internet sulla società.
Ebbene, due giorni dopo è stato realizzato un murale con una rappresentazione completa e fedele di quanto si è discusso nell'assemblea.

Rosa mostra la foto del murale e, naturalmente, tutti fanno

un cenno di apprezzamento, poi continua a leggere: «Il dipinto, talmente ben fatto che il custode dell'Università ha tentato di rimuoverlo pensando fosse un quadro, esprime con particolare efficacia la preoccupazione degli studenti. Secondo loro la rete internet è uno strumento indispensabile, ma anche pericoloso e per questo andrebbe regolamentato meglio.

La rete è al centro della vita dell'uomo. Che si tratti di lavoro o di svago, ormai la fa da padrona. Il problema è che il controllo della stessa è appannaggio di poche imprese. Troppo grandi, troppo ricche, troppo potenti e che, fra l'altro, pagano troppo poche tasse in base ai profitti realizzati. Soggetti economici ingombranti che hanno la forza e la capacità di influenzare le scelte politiche di molti paesi.

Il rischio è che si possa andare incontro a una sorta di dittatura economico-sociale. Il disegno è una sorta di avvertimento "la rete è stata buttata e catturerà le sue prede", che poi siamo noi. È inutile farsi illusioni, siamo sempre stati sottomessi a qualcuno e i protagonisti della rete saranno i nuovi padroni. La metafora del lancio della rete da pesca è molto convincente. Il pescatore lancia la rete e le prede, naturalmente, sono gli uomini.

Il pescatore è un'ombra, perché in realtà non è lui che manovra la rete ma i suoi padroni: Amazon, Google, Microsoft, Facebook, Alibaba, Tiktok, Twitter, per citarne solo alcuni.

Le persone, inconsapevoli, non si accorgono di nulla e continuano ad ascoltare il predicatore di turno, abbagliati dalla luce delle favolose promesse.

Il dipinto nel suo insieme mi angoscia e mi fa pensare che l'autore abbia voluto evidenziare un altro periodo difficile della nostra esistenza.

Un altro decadentismo, ma più preoccupante di quello precedente, perché non solo economico e culturale, ma anche civile e morale. Abbiamo difficoltà a dare un dignitoso significato alla nostra esistenza e alla nostra identità, che dovrebbe essere più umana e meglio integrata con le altre forme di vita sulla terra.

Nella stessa assemblea si è discusso della distribuzione della ricchezza e anche per questo tema è stato realizzato un murale.»

Rosa mostra la foto del secondo murale e poi continua a leggere: «Un disegno eccellente, ispirato, nella tecnica, all'arte rinascimentale. Mai visto nulla di simile su muro. Ottima l'idea del disegno di una bilancia dove su un piatto è stato collocato un gruppetto di persone e sull'altro piatto il mondo intero. Al centro il martello del giudice, a sottolineare che non c'è giu-stizia sulla terra.

Nel mondo "civile" la ricchezza è sempre stata mal distribuita, a chi tanto e a chi poco o niente. Oggi però è cambiato qualcosa in peggio rispetto al passato: è aumentata enormemente la distanza tra ricchi e poveri. Son aumentati i ricchi e, purtroppo, sono aumentati di molto, di troppo anche i poveri.
Ma è anche aumentata la distanza tra pochi ricchi e il resto della popolazione. Anche la classe media, che conduceva una vita dignitosa, si è impoverita e si è dovuta adeguare ad un nuovo e più misero tenore di vita.

Poco più di duemila individui possiede la stessa ricchezza di quasi cinque miliardi di persone. Metà della ricchezza mondiale appartiene solo all'1% della popolazione. Mentre la metà più povera ha solo l'1% della ricchezza. Una cosa assurda e inaccettabile.

La cosa curiosa e preoccupante è che i protagonisti della rete fanno parte del gruppetto che detiene la maggior parte della ricchezza mondiale. Alla fine, come vedete, tutto torna.
Nel dipinto la bilancia è sostenuta da un uomo muscoloso e bello, simile ad Davide di Donatello. Lo stesso uomo con la mano destra sorregge il mondo intero. Come a dire che il destino del mondo è in mano a gente potente, abituata a imporre le proprie idee con la

forza derivante dallo strapotere economico e il controllo dei media che gli ha permesso di conquistare un mondo sprovveduto che viene facilmente raggirato.

Lo stesso uomo nel disegno è rappresentato senza la testa, perché non la usa, altrimenti dovrebbe farsi molte, troppe domande e non saprebbe rispondere.

Infine, la grandezza della bellissima cornice, che sovrasta lo stesso dipinto, denuncia un profondo malessere della nostra società che dà molta più importanza alle apparenze che ai contenuti.

Questo giovane artista, sicuramente uno studente, ha un diverso e originale modo di esprimersi. Le sue opere parlano del quotidiano, denunciano, ci costringono alla riflessione.

Sono opere impregnate di umanità e sensibilità, ma anche di maturità e di una chiara visione del mondo. Inoltre, l'uso sapiente delle metafore denota una grande capacità espressiva.

Si è firmato "Il Muralista", e ciò mi fa pensare che sia avvezzo a sfruttare con intelligenza il potere dell'ironia.

Il richiamo al concetto della morale con spirito canzonatorio, per definirsi non artista ma realizzatore di murales è intricante. Inoltre, non firmandosi con il suo nome e rinunciando alla notorietà, mi fa pensare che non sia un "Arteta" ma un "Artista".»

I ragazzi applaudono. L'articolo è piaciuto molto ed essere stati menzionati su una rivista nazionale è motivo di orgoglio.

2

"Il significato della lotta, il significato vero, totale,
al di là dei vari significati ufficiali, è una spinta di riscatto umano,
elementare, anonimo, da tutte le nostre umiliazioni."
Italo Calvino

Il collettivo è in riunione, si sta discutendo di diritto allo studio. Oggi c'è anche Nino che è appena ritornato dal lavoro e al riguardo qualcosa ce l'ha da dire: «Parliamo di diritto allo studio, ma in realtà dovremmo parlare dei diritti dei figli o, meglio, di tutti i giovani fino all'età del lavoro. Perché sono loro il futuro della società e sono quelli che dovranno sostenerne il peso economico e sociale. Per questo ritengo che il costo per crescere e formare i giovani dovrebbe essere a totale carico della comunità. Per il bene della società, ogni giovane dovrebbe perseguire le proprie inclinazioni e formarsi al me-glio per poter dare il massimo contributo possibile.»

«Ha ragione Nino.» Interviene Riccardo che poi prosegue: «È ingiusto che i giovani, una volta inseriti nel mondo del lavoro, debbano sostenere il peso di ciò che è necessario alla futura comunità, mentre il costo è interamente scaricato su coloro che li hanno messi al mondo.

Ciò che attualmente viene destinato alle famiglie per l'allevamento dei figli, come gli assegni familiari, è insufficiente per garantire a tutti pari opportunità.

In realtà, dovrebbe essere nell'interesse di tutti che i giovani si realizzino seguendo le proprie inclinazioni e abbiano accesso alle posizioni lavorative che siano più adatte alle loro competenze e aspirazioni, consentendo così di esprimersi al meglio delle loro potenziale.

Applausi ai due interventi da parte dei ragazzi che concordano.

Al termine dell'assemblea Riccardo comunica che sono stati invitati a partecipare alla manifestazione per la difesa dell'ambiente e chiede se si è d'accordo. Naturalmente, tutti i partecipanti lo sono, tranne Nico e Corrado.
Secondo loro, figli di imprenditori, tutte le chiacchiere sull'ambiente sono delle montature per rallentare il progresso e sono messe in atto da parte di quei conservatori che hanno interesse a mantenere lo status quo.
Riccardo informa che all'evento è stata invitata a parlare anche Cristina Farben, studentessa molto popolare nell'ambiente universitario.
Nei giorni seguenti fervono i preparativi. Chi deve intervenire dovrà preparare il discorso e, naturalmente, si dovrà confrontare prima con i compagni e condividerne il contenuto. Poi ci sono quelli che devono allestire cartelli e striscioni. Infine, bisogna organizzare il gruppo che si occuperà del servizio d'ordine, c'è sempre il rischio di infiltrati che tenteranno di sfruttare l'occasione per creare disordini.

A pochi giorni dalla manifestazione, nella piazza dove si terrà l'evento compare un murale.

Si capisce bene che il tema del murale è l'ambiente. La cosa curiosa è che è posto in alto, al primo piano di un fabbricato. Chi lo ha realizzato, però, conosce bene la proporzionalità. Il disegno è grande abbastanza e si vede molto bene anche dalla piazza.

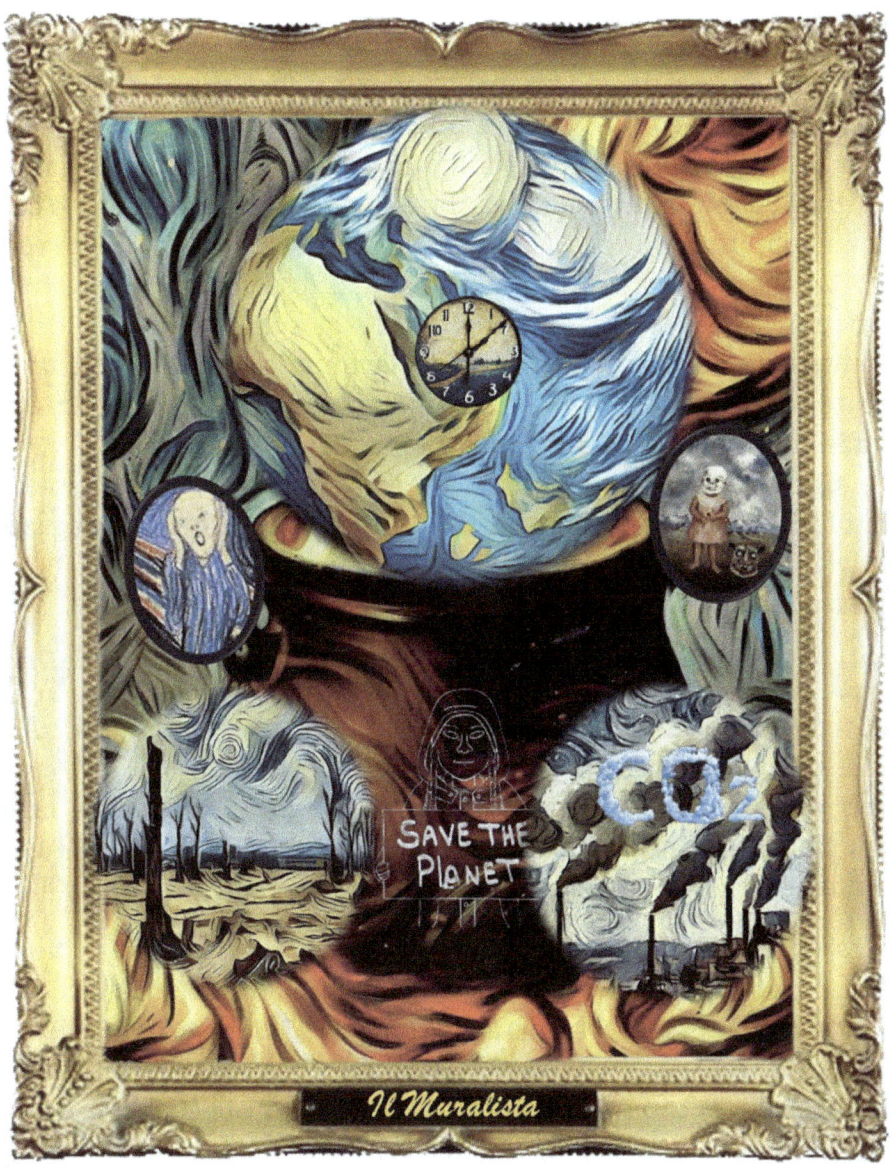

Il Muralista

Il luogo diventa meta di frequentazione grazie al murale. La voce si diffonde e molte sono le persone che vengono a vederlo.
Naturalmente, gli studenti del collettivo e molti altri sono accorsi appena l'hanno saputo.

Tutti si chiedono chi sia il "Muralista" e come abbia fatto a realizzare quest'opera senza che nessuno se ne accorgesse, anche perché ci sarà stato bisogno di scale.

Riccardo e Luigi decidono, una volta per tutte, di andare in fondo alla questione e così vanno a chiedere al proprietario della casa. La signora che abita l'appartamento al primo piano, dove è stato realizzato il murale, conferma che è stato un giovane, almeno così le è sembrato dalla voce. Ha chiesto il permesso il giorno prima e la notte, senza fare alcun rumore, ha realizzato l'opera.

Lei non si è accorta di nulla e solo la sera del giorno dopo, rientrando dal lavoro, ha visto un gruppo di persone che dalla piazza osservava il quadro appeso al muro e alla vista ne è rimasta affascinata ed emozionata anche lei.

La signora ha anche detto che con il ragazzo ci ha parlato solo al citofono e non l'ha visto in faccia. Ha aggiunto anche che il ragazzo le aveva promesso che se non le fosse piaciuto, lui
stesso l'avrebbe rimosso.

«Signora, per caso avete intenzione di farlo?»

«Certo che no! Magari, però, quando arriva l'inverno lo prendo e lo metto nel salone al riparo dalla pioggia.»
Riccardo e Luigi non dicono nulla alla signora, lasciandola nella convinzione che il murale sia un quadro. Così ritornano dagli altri studenti e raccontano quello che hanno scoperto.

Intanto è arrivato anche il Professore Capacchione. Questa volta è stato inviato dalla rivista perché tutto quello che riguarda "Il Muralista" adesso è considerato prioritario. Ricevono ogni giorno numerosi messaggi che chiedono di lui e la rivista la settimana scorsa ha venduto tutte le copie stampate, senza alcun reso e non succedeva da tempo. Così il Direttore ha pregato il Professore di dare priorità a questa storia.

Riccardo racconta al Professore quanto ha scoperto a proposito del murale e gli parla anche della manifestazione che si terrà a breve. Il Professore decide di partecipare alla manifestazione, interessato soprattutto al discorso del rappresentante del collettivo.

La settimana successiva alla manifestazione, sulla rivista "Artetica" viene pubblicato un nuovo articolo firmato dal Professore: «Il Muralista ci sorprende di nuovo. Un nuovo murale è apparso in una piazza della città.
Il disegno rappresenta la sintesi perfetta della manifestazione che si è tenuta a favore dell'ambiente.
La cosa sorprendente è che il murale è stato realizzato la settimana prima della manifestazione.
È come se l'autore fosse stato messo in anticipo a conoscenza di tutto quello di cui si sarebbe parlato.

Abbiamo anche scoperto che Il Muralista ha chiesto l'autorizzazione al proprietario della casa dove è stato realizzato il murale. La proprietaria è ancora convinta che il murale sia un quadro, tanto è ben fatto e anche questo con una bella cornice.

La tecnica usata nel murale è quella in cui l'autore si trova più a suo agio, similare a quella prediletta da Van Gogh. Il murale è una denuncia, ma anche un appello a prendere seri ed urgenti provvedimenti per contrastare il riscaldamento del pianeta.

Il problema, è stato ormai più che accertato, dipende so-prattutto dalle attività dell'uomo che immettono nell'aria gas serra, in particolare CO_2.
Ma è dovuto anche alla deforestazione e a molte altre attività. Nel disegno si riconosce la figura di Greta, straordinaria ragazza che è diventata un riferimento in tutto il mondo per i temi che riguardano l'ambiente.

Nel dipinto si utilizzano metafore per esprimere i concetti che sono emersi durante la manifestazione.
Così, il pianeta terra è posto sopra una pentola alimentata da un fuoco vivo. Al posto dei manici riconosciamo due quadri famosi, "l'Urlo di Munch" e la "Bambina con maschera di morte" di Frida kahlo.

L'Urlo di Munch è un quadro a cui è riconosciuta una fedele interpretazione del malessere contemporaneo, ma è anche simbolo di angoscia e paura. Mentre nel quadro della Kahlo vediamo una bambina che indossa una maschera, che di solito è utilizzata in Messico per la celebrazione della giornata dei morti. Ma il quadro va oltre, a terra un'altra e più terrificante maschera rimanda ai tormentati aborti volontari subiti dalla Kahlo.

Il dipinto esprime con forza e disperazione tutto l'orrore ed il senso di colpa che ha tormentato la stessa artista.

In basso a destra le ciminiere delle industrie chimiche con la scritta CO_2 e a destra quello che resta di una foresta. In risalto, sul pentolone, un tratteggio di Greta Thunberg che tiene in mano un cartello con la scritta "Save the Planet".
Sul pianeta terra un orologio ci avverte che il tempo sta per scadere.
In questo caso il contenuto straborda oltre la cornice, che fa fatica a contenerlo. Il messaggio è troppo importante e deve prendere il volo, senza alcuna costrizione.

Il murale è un ammonimento al genere umano che dovrebbe provare analogo orrore e senso di colpa per i danni che ha causato al proprio pianeta.

L'autore può essere soddisfatto, perché ha realizzato un'opera di grande impatto.
Il murale è stato menzionato e lodato da tutti gli oratori che si sono succeduti sul palco.
Cristina ha detto che questa è un'opera importante, perché ci ricorderà, ogni giorno, che dobbiamo adoperarci per salvare il pianeta dalle nostre stesse azioni e lo dobbiamo fare con impegno, consapevolezza e continuità.»

Grazie a quest'articolo, con un richiamo in prima pagina al Muralista, la rivista anche questa settimana va a ruba.

La settimana successiva gli studenti del collettivo e i ragaz-zi delle associazioni ambientaliste collaborano per l'organizzazione di una serata a sostegno della presentazione del libro "La Vita Eterna", scritto da Dionigi Vitale ed edito da "Scelti Da Noi", una Casa Editrice progressista.

Il titolo del libro potrebbe ingannare, in realtà parla dell'ambiente. Durante la serata vengono lette alcune pagine e fatte delle domande all'autore, che risponde dimostrando una notevole competenza in materia.

Un ragazzo chiede lumi sulla vita naturale e il rapporto fra l'uomo, gli animali e le piante. L'autore così risponde: «Il nostro livello di conoscenza del mondo animale è discreto, ma abbiamo una conoscenza limitata del mondo vegetale.
Ad eccezione degli esperti del settore, ci limitiamo a osservare le piante così come le vediamo.
La nostra conoscenza è scarsa per quanto riguarda la parte aerea delle piante e completamente assente per quanto riguarda la parte sotterranea, il mondo ipogeo, che è altrettanto stupefacente.

Il terreno non è un materiale inerte, è vivo. Popolato da una quantità di esseri viventi che sfuggono all'immaginazione della maggior parte delle persone. In pochi centimetri cubi di terra ci sono miliardi di organismi che vivono in stretto contatto tra di loro e con le radici delle piante. Questo è un mondo che vive in costante e continua comunicazione e che si sviluppa per favorire la vita dell'intero pianeta.

Il famoso detto del fisico Lavoisier, "Nulla si crea, nulla si distrugge, tutto si trasforma", si applica perfettamente agli ambienti naturali. Le piante, alla base della catena alimentare, forniscono nutrimento a numerosi animali che, a loro volta, alimentano molti altri esseri viventi, compreso l'uomo. Tuttavia, quando questi organismi muoiono, ritornano al terreno e diventano nutrimento per i microrganismi presenti nel suolo.
Questi microrganismi decompongono la sostanza organica e parte di essa viene assorbita dalle piante, chiudendo così il ciclo vitale.

Un ciclo perfetto! Peccato sia stato tradito proprio dall'uomo che non restituisce alla terra né il suo corpo, quando muore e non serve più a nessuno, e né i resti degli animali e delle piante di cui si nutre. Avanzi che troppo spesso finiscono nelle discariche oppure bruciati, nella migliore delle ipotesi per produrre energia, interrompendo così quel processo virtuoso che è alla base del ciclo naturale della vita.

La natura ciclica e interconnessa della vita richiama il concetto di "reincarnazione". Nell'ambito materiale, possiamo notare come la materia vivente si trasferisca da un individuo all'altro, consentendo la continuazione dell'esistenza stessa. Questo fenomeno può essere osservato, ad esempio, nel ciclo alimentare in cui la carne di una preda diventa parte integrante della carne del predatore.

Se considerassimo attentamente questa dinamica, potremmo notare un'interdipendenza e una continuità tra le diverse forme di vita. La preda, una volta cacciata e consumata dal predatore, diventerà parte integrante della sua fisiologia. Gli elementi nutritivi e le energie contenute nella carne della preda saranno assorbiti e utilizzati per sostenere la vita del predatore stesso.

In un certo senso, possiamo considerare questo processo come una forma di "reincarnazione" materiale, in cui la materia e l'energia della preda sono trasferite e riutilizzate dal predatore per sostenere la propria esistenza.

Questa constatazione potrebbe risultare alquanto egoistica, poiché riduce il peso emotivo e il senso di colpa che possono derivare dal consumare carne, anche se solo occasionalmente.

Tuttavia, è importante notare che il concetto di reincarnazione tradizionale si riferisce più specificamente alla trasformazione dell'anima o dello spirito da un corpo all'altro, mentre qui stiamo parlando di una prospettiva strettamente materiale. Pertanto, sebbene possiamo trovare una certa consolazione nel riconoscere la continuità della vita attraverso il ciclo alimentare, è importante anche considerare gli aspetti etici e morali legati al consumo di carne e alla responsabilità che ne deriva.

In definitiva, riflettere sulla dinamica del ciclo alimentare e sulla continuità materiale della vita può offrire una prospettiva interessante sulla nostra interconnessione con il resto del regno animale. Tuttavia, è fondamentale considerare sia gli aspetti scientifici che quelli etici quando si prendono decisioni riguardo al consumo di carne, riconoscendo la nostra capacità di fare scelte consapevoli e responsabili.»

«Perché vita eterna?» Chiede Luigi.
«Il titolo del mio libro riflette un pensiero che mi assilla continuamente. Mi sorge un dubbio: è possibile che l'uomo abbia travisato il concetto di vita eterna? Potrebbe essere che invece di riguardare un regno ultraterreno, l'eternità si riferisce proprio a questo mondo? Certo, potrebbe anche essere che coloro che hanno promosso le religioni che conosciamo abbiano enfatizzato il concetto, immaginandosi un aldilà come un luogo parallelo, immateriale e perfetto.

Ma cosa succederebbe se la vita eterna fosse in realtà rappresentata da quel ciclo perpetuo di trasformazione della materia, in cui nulla si crea e nulla si distrugge? In tal caso, dovremmo convenire che è imperativo per l'umanità prendere coscienza di questa realtà il prima possibi-le. Dovremmo prenderne consapevolezza e imparare a rispettare e difendere la natura, altrimenti il ciclo naturale della vita sulla Terra potrebbe essere compromesso, a scapito delle future generazioni.

È fondamentale riflettere sulle nostre azioni e comprendere che siamo parte integrante di questo ciclo vitale. Il modo in cui interagiamo con l'ambiente e la natura, condiziona il futuro dell'umanità e di tutti gli esseri viventi sulla Terra. Dobbiamo abbandonare l'idea di pensare solo a un aldilà separato e immateriale e, invece, abbracciare anche l'idea che la nostra esistenza sia inestricabilmente legata a questo mondo e al suo equilibrio.

Se non agiamo con responsabilità e saggezza, se continuiamo a sfruttare indiscriminatamente le risorse naturali senza pen-sare alle conseguenze, rischiamo di

compromettere irreparabilmente il ciclo naturale della vita e le future generazioni potrebbero essere private delle meraviglie e delle opportunità che noi abbiamo avuto.»

«Ma come possiamo sensibilizzare l'opinione pubblica?» Chiede Riccardo.

«L'unico modo credo sia quello di farne una religione.»

«In che senso?»

«È essenziale che l'umanità prenda coscienza di questa visione più ampia della vita eterna. Dobbiamo abbracciare l'idea che è nostra responsabilità quella di preservare e proteggere la na-tura, in modo che il ciclo perpetuo della trasformazione possa continuare a svolgersi in armonia. Solo così potremmo garantire un futuro sostenibile e prospero per le generazioni a venire. L'attuale approccio dei movimenti e delle associazioni evidentemente non è sufficiente a sensibilizzare l'opinione pubblica.»

Altri studenti sono rientrati in sala, avvertiti dai colleghi che ritengono molto interessante le idee dello scrittore.

Da poco è arrivato anche il professor Capacchione. Una ragazza chiede ulteriori spiegazioni e l'autore continua: «Ci vuole un approccio di tipo religioso che possa coinvolgere quante più persone in tutto il mondo.»

«Ci sta dicendo che dovremmo promuovere una nuova religione?» Chiede il professor Capacchione.

«Esattamente! Una nuova religione che non sarebbe in contrapposizione con le altre, ma alla base di tutte, perché nessuna religione è contro la natura. Ogni persona di buon senso dovrebbe aderire a questa nuova religione e poi, ognuno, in base al proprio credo potrebbe continuare a seguirne anche altre.»

Il professore è incuriosito e chiede: «Lei intende, una religione con le chiese dove pregare e tutto il resto?»

«Non esattamente! Certamente ci dovranno essere centri di aggregazione che potrebbero essere aule scolastiche, palestre, campi sportivi, spazi aperti dove potersi riunire per discutere e confrontarsi per elaborare idee e programmare le attività. Pregare non è contemplato, non servirebbe a nulla. Questa dovrebbe essere la religione del fare.»

«Corretto! Ma le religioni hanno costruito il loro enorme successo proprio sul mistero, la fede, il premio della vita eterna e la preghiera.» Replica il Professore.

«Concordo. Ma noi dobbiamo provare a cambiare la mentalità delle persone e l'approccio dovrà essere onesto. Dobbiamo impegnarci e, soprattutto, dobbiamo agire.
Il premio che riceveremo sarà personale, intimo e rapportato al nostro impegno e al risultato delle nostre azioni. Troppo comodo pensare di poter fare i propri comodi e poi pregare, pentirsi e ricevere il perdono e l'assoluzione. Oppure, ancor peggio, essere assolti perché altri hanno pregato per noi, come una sorta di raccomandazione.»

«Fico!» Esclama una ragazza.

Il professore e i ragazzi rimangono pienamente soddisfatti dalle risposte di Dionigi Vitale, scrittore molto interessante.

Sulla rivista "Artetica" il professore scrive un brillante articolo a favore dello scrittore e della sua opera.

Nei giorni successivi il collettivo si riunisce per discutere della proposta dello scrittore e tutti concordano che sia neces-sario e urgente confrontarsi e approfondire la proposta dello scrittore. I più creativi hanno anche proposto un ipotetico nome. La nuova religione si potrebbe chiamare "Vita".

Naturalmente, Il Muralista non perde l'occasione e dopo qualche giorno appare un murale che rappresenta la ricchezza di vita di una foresta, dove oltre alle piante ci sono animali, funghi, insetti, microrganismi.

Detto in una sola parola: biodiversità.

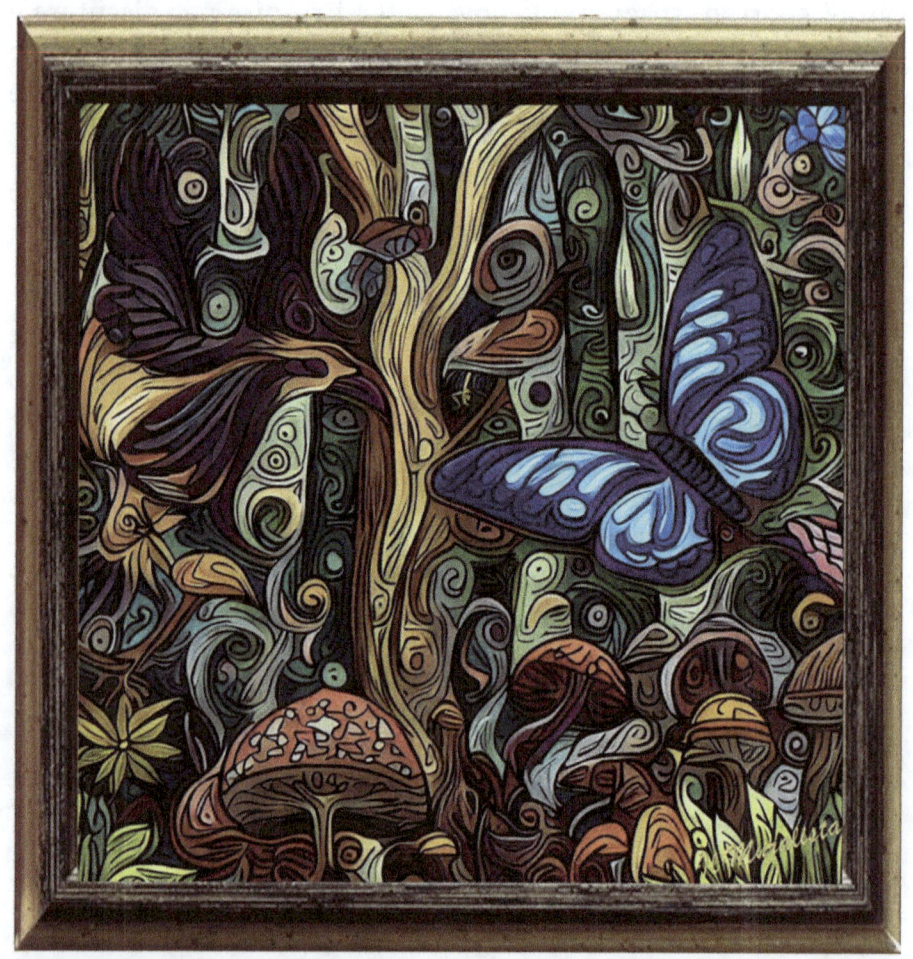

La biodiversità rappresentata nel murale è fondamentale per la vita sulla terra e potrebbe essere compromessa dalle attività dell'uomo che inquinano acqua e aria. Come anche il taglio indiscriminato degli alberi e lo sfruttamento estremo dei terreni, senza l'accortezza di restituire almeno una parte ciò che prendiamo.

Continuando così come stiamo facendo, con il passare del tempo i terreni diventeranno sempre più "stanchi", perderan-no la fertilità e si avvieranno lungo un percorso irreversibile di desertificazione.

La biodiversità, come rappresentata nel murale, si riferisce alla varietà di vita sulla Terra, compresi gli organismi viventi di tutti i regni (animali, piante, funghi, batteri, ecc.) e gli ecosistemi in cui si trovano. È un concetto chiave per comprendere la salute del nostro pianeta.

La biodiversità negli ecosistemi contribuisce a renderli più resistenti e stabili di fronte ai cambiamenti ambientali, come quello climatico e le catastrofi naturali. Le diverse specie svolgono ruoli unici all'interno degli ecosistemi e la perdita anche di una sola specie può avere effetti a cascata sull'intero sistema.

Gli ecosistemi forniscono una vasta gamma di servizi essenziali per la vita umana. La produzione di cibo, l'approvvigionamento di acqua, la regolazione del clima, la purificazione dell'aria e del suolo, la prevenzione delle inondazioni, la ferti-lizzazione dei terreni agricoli e molti altri ancora.

La biodiversità è una fonte inestimabile di sostanze chimiche, composti e organismi che sono utilizzati per sviluppare farmaci, prodotti biotecnologici e nuovi materiali. La conservazione della biodiversità è un obiettivo fondamentale per proteggere l'equilibrio ecologico del nostro pianeta e garantire la sopravvivenza delle future generazioni.

3

"Tu sei una persona di quelle che si incontrano
quando la vita decide di farti un regalo."
Charles Dickens

Gli studenti più attivi del collettivo politico universitario sono sicuramente Riccardo, Luigi, Maria e Rosa.

Riccardo è di origine calabrese, Luigi vive in un piccolo paese del Nord ma è di origine napoletane, Maria e Rosa sono nate e vivono nella città dove ha sede l'Università. Riccardo e Luigi abitano nella stessa casa, un piccolo appartamento in una zona periferica al quinto piano senza ascensore, che fittano a studenti universitari fuori sede e che condividono con Nino, studente lavoratore. L'appartamento ha solo un piccolo bagno, senza nemmeno la doccia, così sono costretti a farla presso gli amici che risiedono nella casa dello studente.

È quello che si sono potuti permettere, meno costoso perché solo studenti e lavoratori disperati potrebbero abitarci. Gli affitti in città sono molto cari e non sono alla por-tata delle tasche degli studenti dell'attuale classe media.

Riccardo ha conosciuto Maria in vacanza, poi si sono fidanzati ed è venuto a studiare al Nord proprio per lei.

Anche Maria frequenta la facoltà di Giurisprudenza ed è rimasta molto contenta della scelta del fidanzato, anche perché sa che per Riccardo, soprattutto per praticità e anche per motivi economici, sarebbe stato meglio frequentare un'Università del Sud Italia.

Però Riccardo non ha avuto alcun dubbio e anche i suoi genitori, conoscendo Maria, hanno condiviso la scelta del figlio.

Maria e Riccardo ormai si frequentano da tre anni. Sono una coppia ben affiatata e hanno molti interessi in comune, fra cui la partecipazione al collettivo politico dell'Università.

Riccardo, oltre che con Luigi, va molto d'accordo anche con Nino. Si capiscono alla perfezione e si trovano molto bene insieme, anche se hanno poco tempo per farlo. Nino la mattina frequenta le lezioni e il pomeriggio lavora. La sera studia e le poche ore libere le passa con i compagni e soprattutto con Rosa, la sua fidanzata. Nino studia Ingegneria Meccanica, ha la passione per i macchinari.

Riccardo ha il pallino della politica e dell'impegno sociale, anche per questo si è iscritto alla facoltà di Giurisprudenza, ma ha anche la passione per la scrittura, poesie e brevi racconti.

Scrive molto bene e anche per questo ha un'ottima intesa con Nino che è un appassionato lettore.

Luigi invece risiede in un piccolo paese del Piemonte. I suoi genitori sono napoletani e si sono trasferiti in Piemonte quando lui era un ragazzino. Non potendo viaggiare, perché non ci sono mezzi pubblici che collegano il paese all'Università in tempi ragionevoli, anche lui ha dovuto prendere casa in città e fare la vita da fuori sede. Luigi però è innamorato di Napoli e gli piace parlarne la lingua, un dialetto napoletano italianizzato che lo rende molto simpatico. Iscrittosi alla facoltà di Medicina, ha conosciuto Riccardo frequentando il collettivo.

Dopo circa tre mesi che si sono frequentati, hanno deciso di andare ad abitare insieme e hanno trovato una camera con due letti nell'appartamento in cui abitava già Nino.

La vita da fuori sede è una bella esperienza per i ragazzi. Una vita autonoma in un ambiente in cui si sta a contatto con tanti coetanei che hanno i tuoi stessi problemi, ma anche i tuoi stes-si interessi, desideri, sogni. Quest'esperienza dovrebbero farla tutti i ragazzi, perché ha una grande valenza formativa. Li prepara all'assunzione di responsabilità, a cavarsela da soli, a saper convivere e relazionarsi con gli altri senza l'interferenza e l'ombrello dei genitori. Un'esperienza intensa e un'ottima palestra che li preparerà meglio alla futura vita di adulti.

Riccardo nel gruppo è quello razionale, ma anche passionale.
Luigi è un ragazzo solare, sempre pronto alla battuta, sempre positivo. È lui che da la carica nei momenti no e alleggerisce la tensione quando serve.

Rosa, ragazza di bel aspetto, capelli castani e occhi azzurri, è quella che si occupa dell'organizzazione. Precisa e affidabile, non trascura mai nulla. Molto attenta ai dettagli, riprende tutti quelli che non rispettano gli impegni assunti. Luigi la chiama scherzosamente "la scassambrella" e anche Riccardo per le sue fissazioni "del tutto in ordine e precisamente organizzato" la prende in giro. È sempre lei, coadiuvata da Maria, che si occupa di intrattenere le relazioni con altre organizzazioni e di decidere a quali eventi partecipare. Senza di lei il collettivo avrebbe seri problemi. Rosa ha avuto un'educazione rigida. I genitori, entrambi impiegati in fabbrica, la mamma in am-ministrazione e il papà responsabile di una linea di produzione nella stessa azienda, non avevano molto tempo da dedicarle, per cui le giornate erano scandite da ritmi regolari e precisi, molto ben organizzate per far sì che tutto filasse liscio.

Nell'ultimo incontro, Rosa ha appena comunicato al gruppo che la domenica successiva avrebbero partecipato a una giornata organizzata dal Movimento Animalista.
Lo scopo è quello di far conoscere ai cittadini l'Associazione e incita il gruppo a darsi da fare per diffondere l'invito a partecipare.

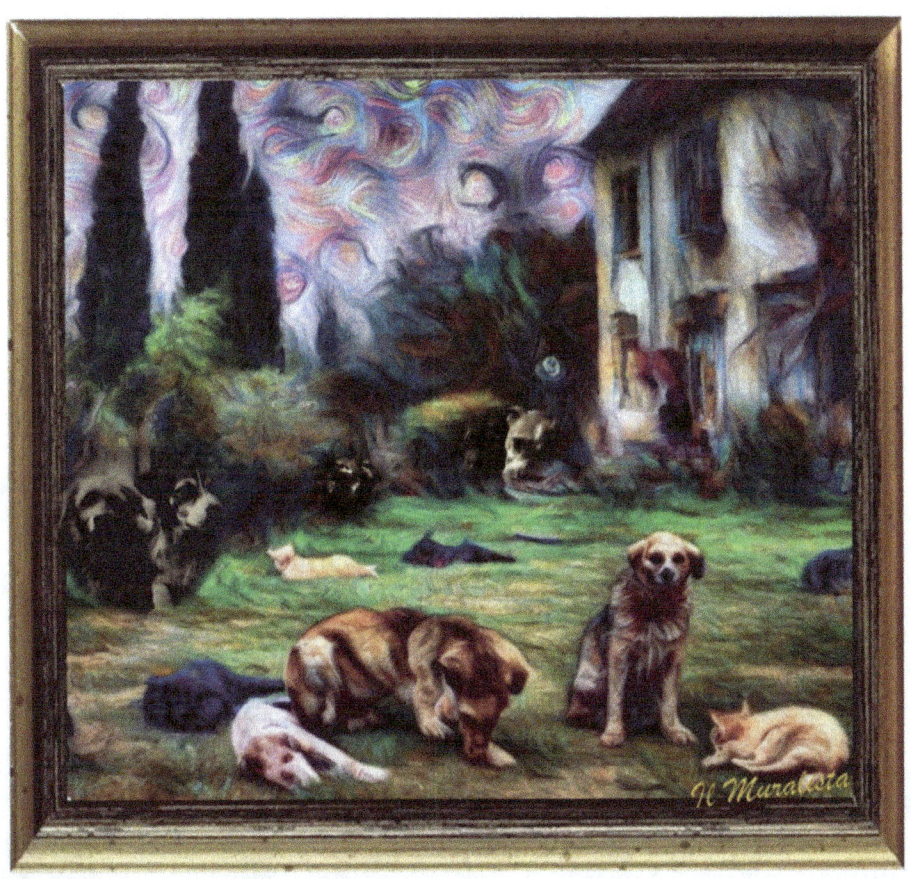

La domenica mattina, nel luogo dove si terrà la manife-stazione, su un tabellone dove di solito sono affissi manifesti pubblicitari compare un murale.

Molte sono le persone che si soffermano a guardarlo. I commenti sono unanimi, è commovente. Soprattutto per i partecipanti alla manifestazione che sono amanti degli animali.
L'abbandono degli animali domestici, soprattutto in estate quando si va in vacanza, è una cosa vergognosa.

Non lo si fa per un'esigenza vitale, ma solo per egoismo e insensibilità verso un essere che dipende da te e che nonostante tutto ti adora. L'abbandono di un essere vivente, anche di un figlio, capita anche in natura, come quando una mamma non è in grado di sostenerlo. A volte una mamma è costretta al gesto estremo, succede fra gli animali e succede anche fra gli esseri umani.

Ma la maggior parte delle persone che abbandona un animale domestico non ha nessuna giustificazione. Non ci sono motivazioni valide a giustificarne il vergognoso gesto.

Anche gli organizzatori della manifestazione sono venuti a vedere il murale e ne rimangono colpiti, così decidono di adottarlo. Gli stessi chiedono in giro per sapere chi ne sia l'autore, ma nessuno sa niente.

Subito dopo arriva in piazza il gruppo degli studenti, che ha saputo del murale. Riccardo e Maria si recano a parlare con gli organizzatori della manifestazione e li informano sul mi-sterioso autore, confermando però che è sicuramente uno studente.

La notizia del murale viene riportata anche su un giornale locale ed è un'ottima pubblicità per l'Associazione Animalista, perché solo portando a conoscenza, informando e sensibilizzando l'opinione pubblica si potranno ottenere risultati utili a favore degli animali.

Gli animalisti vogliono responsabilizzare quelli che detengono animali in casa. Se decidi di adottarne uno, nessuno ti obbliga, te ne devi prendere cura e lo devi trattare bene. Deve stare con te, vivere con te, partecipare attivamente alla tua quotidianità. Non è ammissibile che venga rinchiuso in un recinto e trattato come un delinquente condannato all'ergastolo.

Il giornale ha inserito la foto del dipinto al centro dell'articolo in terza pagina. L'autore si dilunga soprattutto sul misterioso "Muralista".
In città molti ne parlano e la curiosità aumenta. La notizia viene diffusa sui social e il murale fa il giro del web.

I responsabili dell'Associazione decidono che quel dipinto debba essere custodito nella propria sede, perché è bello e di grande impatto, molto meglio di tante parole. Così si recano al

Comune e chiedono di poter asportare il pannello, spiegandone naturalmente il motivo.

Dopo un primo momento di perplessità, ottengono l'autorizzazione grazie a un'intuizione di Maria che coinvolge un funzionario animalista convinto e che si è commosso quando gli hanno fatto vedere la foto del dipinto.

Nella stessa giornata sostituiscono il pannello con uno nuovo e quello con il dipinto viene portato nella sede dell'Associazione e collocato al centro della parete più grande.

Maria, ragazza solare, è figlia di commercianti e da loro ha appreso l'arte della vendita. Riesce, una volta che si è impadronita dell'argomento in discussione, a convincere anche i più reticenti con i suoi ragionamenti. Per l'ottima capacità relazionale è quella incaricata dal gruppo quando c'è da convincere qualcuno a fare qualcosa.

Maria adotta le tecniche classiche dei venditori professioni-sti: ascolto attivo, una buona intervista, dimostrazione sin-tetica ed efficace delle proprie tesi e infine la spinta all'azione. Sempre con spirito positivo, sorriso, gentilezza e tono di voce pacato, rassicurante.

Maria e Rosa sono molto diverse e per questo complementari, ma anche molto unite. Alla base del loro sodalizio c'è la fiducia e la stima reciproca, pur nella diversità dei caratteri.

Spesso con Maria c'è il fratello Fabio, ragazzo con il disturbo dello spettro autistico.

Fabio è speciale, grande sensibilità e ottima capacità di osservazione, ma introverso a causa della sua difficoltà a relazionarsi.

Si potrebbe dire che è un ragazzo dalla battuta pronta ma, purtroppo, molte delle sue battute restano nella sua testa e non arrivano agli altri.

Quando è solo con Maria o con Nino però non ha freni e si esprime al meglio delle sue possibilità. L'esigenza di Fabio di ricorrere a parole e gesti ripetitivi a volte ossessivi, quando non è nella sua comfort zone, genera nelle altre persone una sorta di turbamento che li imbarazza e ne compromette la relazione. Ciò ha generato in Fabio un senso di frustrazione e inadegua-tezza. Gli ha fatto perdere la fiducia e ha reagito chiudendosi in sé stesso e limitando all'indispensabile le frequentazioni con persone sconosciute.

Fabio dopo che si è diplomato in informatica è andato a lavora-re nell'attività dei genitori, commercializzazione e assistenza tecnica di computer e robot. Raramente si dedica ai clienti, lui ha altre mansioni che svolge molto bene. Fin da bambino ha dimostrato delle abilità eccezionali nelle cose che gli piacevano, mentre trovava difficoltà o si bloccava su cose normali e apparentemente semplici. La sua passione sono i robot, dove ha sviluppato una notevole esperienza tecnica e grande destrezza nel pilotarli. Fabio ha pochi amici, che poi sono quelli di Maria.

La sorella, più grande di lui, ha sempre avuto un atteggiamen-to protettivo verso il fratello.

Fabio ha un buon rapporto anche con Riccardo, ma quello con cui si trova più a suo agio è Nino, sia per il suo carattere che per l'affinità degli interessi. Quando è con Nino sembra un'altra persona, così spesso è con lui e a volte dorme anche a casa sua. Maria e Rosa sono molto contente del rapporto che si è creato fra i due. Da quando Fabio si è aperto con Nino è migliorato tanto e spesso sorprende tutti con sintetiche e azzeccate analisi. Però, interviene ancora raramente quando ci sono altri studenti oltre a loro.

Nino è un ragazzo di ventidue anni. Di media statura, capelli e occhi nerissimi. Caratteri somatici tipici dei calabresi. Un ragazzo solare e spiritoso. Ama fare battute e affronta la vita con allegria, ma solo quando è con persone conosciute, con gli estranei è più riservato. Frequenta il terzo anno di Ingegneria meccanica. Purtroppo, da pochi anni ha perso il papà, deceduto per un tumore incurabile. La mamma, aiutata anche dai parenti, tira avanti con molti sacrifici. Ne fa anche Nino, perché per poter continuare a frequentare l'Università ha dovuto cercarsi un lavoro e lo ha trovato in un'officina meccanica. Nino ha un'ottima manualità, ha sempre trafficato con i motori e i componenti elettronici, perché in paese non c'erano meccanici e bisognava arrangiarsi.

Il datore di lavoro apprezza le qualità di Nino, soprattutto la praticità e la voglia di imparare. Nino sa fare un po' di tutto e non si risparmia.

Poi, lui eccelle nelle auto dove l'elettronica la fa da padrona e stupisce sempre tutti per la sua abilità nel trovare la soluzione anche a casi disperati. Al suo datore di lavoro piace soprattutto quella sua caparbietà a voler risolvere i problemi, non si arrende mai ed è molto competente e pragmatico. Quando un altro meccanico direbbe "mi dispiace ma non si può riparare", Nino non desiste e alla fine trova sempre una soluzione. Però Giulio, il datore di lavoro, non gli dice mai quanto lo apprezzi, né un complimento e mai una gratificazione. Ha paura che si possa montare la testa e poi, essendo un terrone, non gli fa piacere che sia più bravo degli altri due ragazzi, figli di due concittadinii, ottime persone.

Così, ogni tanto, in presenza degli altri due lo rimprovera anche per piccoli errori.

I ragazzi si dispiacciono e capiscono che Giulio lo fa per discriminazione e non perché se lo meriti. Nino ci resta male, ma non prova risentimento, anzi, reagisce impegnandosi ancora di più, cercando di fare le cose al meglio delle sue possibilità e di non fare errori.

Lui è convinto che il suo datore di lavoro lo faccia per farlo crescere. Per lui Giulio è il "mastro", come dicono in Calabria. Al datore di lavoro Nino non ha detto che frequenta l'Università, per paura di non essere assunto. Così, Giulio e i colleghi sono convinti che Nino la mattina sia impegnato in un altro lavoro.

In realtà Giulio intimamente lo ammira, ma ha bisogno di tempo per avere la conferma del suo valore perché non si fida, mentre i colleghi lo stimano senza alcuna riserva.

Rosa è fidanzata con Nino. Stanno molto bene insieme, si frequentano la sera quando possono e nel fine settimana, ma anche alle riunioni del collettivo studentesco, quando Nino riesce a partecipare e, soprattutto, quando c'è bisogno di dare una mano alla preparazione di un evento, oppure quando si devono delineare le strategie, perché Nino è uno pratico e concreto, frutto anche della sua esperienza lavorativa.

Rosa e Nino hanno una diversa personalità e in fondo si completano. Da quando si sono conosciuti è scoccata subito la scintilla.

Nino è rimasto colpito dal garbo e dalla risolutezza della ragaz-za e Rosa è rimasta affascinata dal carattere allegro, dall'intelligenza e dalla creatività di Nino.

Tutti gli amici si ricordano ancora del regalo che Nino ha fatto a Rosa il giorno del suo compleanno, il dodici di febbraio. Un quadretto fatto con una cornice di canne e composto da oggetti. Il quadretto era tanto piaciuto agli amici che l'hanno po-stato sui social.

Due giorni dopo, il giorno di San Valentino, su un muro della via che porta in piazza era apparso un nuovo murale.

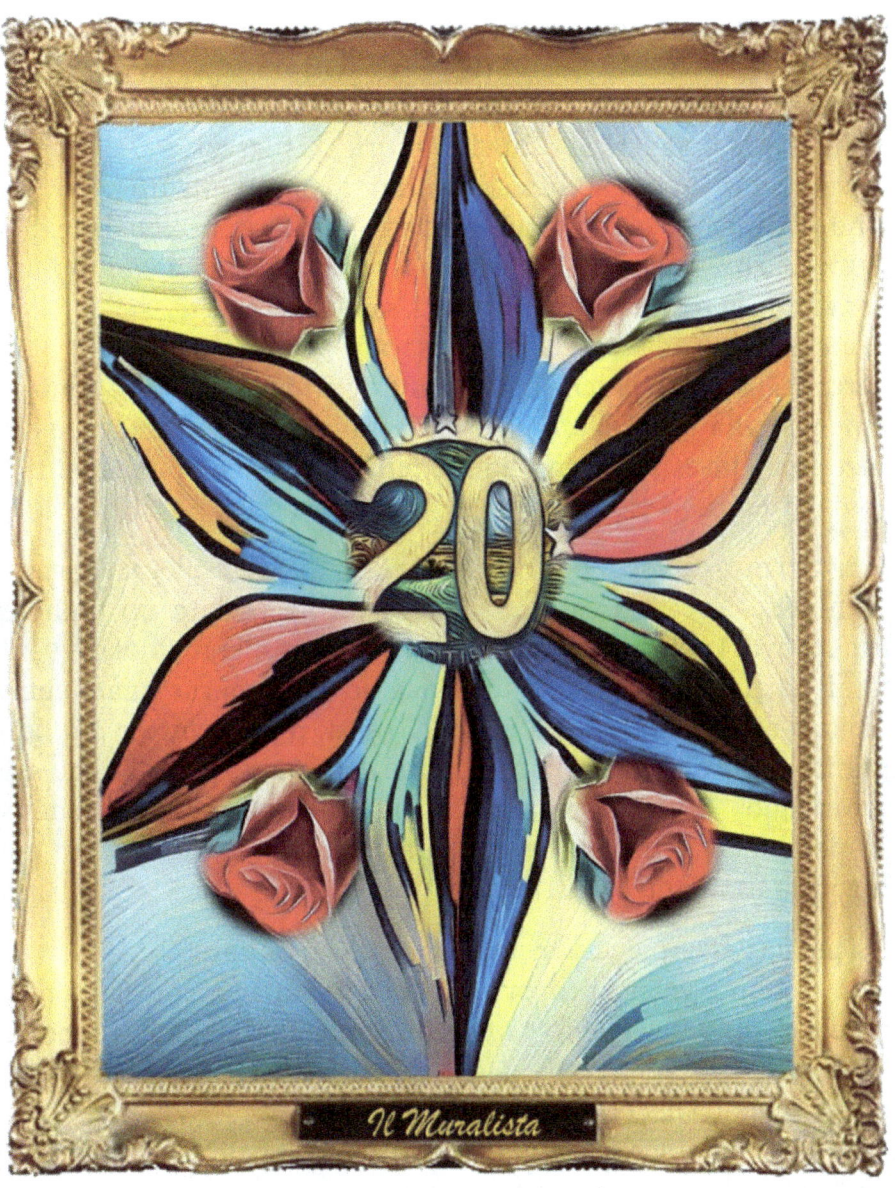

La via è frequentata soprattutto da giovani. Ci sono numerosi localini e spazi aperti carini e discreti dove potersi appartare, ideale per le coppiette.
Mentre un gruppetto di ragazzi osserva il murale è arrivato il Professor Capacchione.

Una ragazza che lo conosce bene gli chiede cosa ne pensi. Dopo un'attenta osservazione, il Professore ha come un'illuminazione: «Questo quadro è una metafora e una grande trovata di spirito.»
«Professore, spiegateci!» Chiedono curiosi i ragazzi.
«Avete capito a cosa si riferisca il numero 20 nel quadro?»
Uno dei ragazzi osserva bene e risponde che potrebbero essere venti Euro. Al che il Professore esclama: «Bravo! Venti Euro, vent'anni, le rose e la rosa dei venti, sapete perché?»
«Perché la fortunata si chiama Rosa?»
«Brava! Ma anche perché ha compiuto vent'anni. Le rose sono un omaggio alla propria amata e il messaggio che vuole dare è una metafora che esprime con il fiore più grande e che rappresenta la rosa dei venti.»

I ragazzi non capiscono e il Professore sorridendo spiega: «Ragazzi, nemmeno io l'avrei capito. L'autore mi ha inviato un foglietto esplicativo. I venti Euro vogliono richiamare alla memoria i venti anni. Le quattro rose sono un omaggio alla propria amata che si chiama appunto Rosa e la rosa dei venti, rappresentato dal fiore grande, oltre che richiamare al nome dell'amata, porta il seguente messaggio: "Non è un regalo effimero, una tantum, ma da adesso in poi aspettatene altri e con una certa regolarità. Come con regolarità soffiano i venti dominanti."

Ma prima devo spiegarvi com'è nato questo murale.
Uno studente voleva proporre alla propria amata, che di lì a poco avrebbe compiuto giusto vent'anni, l'ufficialità del loro rapporto. Voleva farle un regalo speciale e sapendo che le piacevano le rose e i profumi, ha deciso di regalarle entrambe le cose: quattro rose e i soldi per potersi comprare un profumo, di quelli equivalenti che costano molto meno degli originali.

Giusto venti Euro, anche per ricollegarsi al compimento dei venti anni. Allora ha pensato di realizzare un quadretto con oggetti reali, appunto le rose e venti Euro.

Un'altra cosa interessante è che la composizione l'aveva intesa come un'opera a termine, di durata limitata. Il suo intento era che quando le rose fossero sfiorite il quadro sarebbe stato smontato e gli Euro recuperati per comprare il profumo. Il quadretto era a termine ma il messaggio sarebbe stato ricor-dato per sempre. Il Muralista ha aggiunto la rosa dei venti come sfondo per sottolineare il messaggio intrinseco: "Io avrò cura di te e ti coprirò di attenzioni, sempre."»

«E come è andata?» Chiede una ragazza.
«Benissimo! La ragazza si è commossa.

La foto del quadro è stata postata sui social ed è molto piaciuta anche al Muralista, tanto da fargli prendere la decisione di fissarla su muro e proprio nella via frequentata dalle coppiette, come omaggio a tutti gli innamorati.»

«Mi scusi professore, ma perché Il Muralista dipinge con le cornici?»

«Giusta curiosità! Gliel'ho chiesto anch'io e mi ha risposto che intende dare alle pareti esterne dei fabbricati la stessa dignità di quelle interne. Dentro le case ci sono quadri e non murales e vuole dare la stessa sensazione fuori, come se il murale fosse un quadro. La parete ospita il quadro e non viene cancellata, rimanendo la protagonista del fabbricato e anche il murale dovrà essere un abbellimento, come una donna indossa la collana.»

«Ah!» La risposta sorpresa della ragazza. Il professore sorridendo: «Sì, un tipo estremamente interessante, Il Muralista.»

4

"Un muro è fatto per essere disegnato,
un sabato sera per fare baldoria e
la vita è fatta per essere celebrata."
Keith Haring

I dipinti del Muralista hanno fatto pubblicità anche all'Università. Sia i professori che il Rettore hanno ricevuto numerose richieste di informazioni sul Muralista, diventato molto popolare grazie ai social. Allora al Rettore, degno rappresentante della carica che ricopre, è venuta la brillante idea di indire un concorso, al fine di abbellire e riqualificare i muri di alcuni palazzi dell'Università.

Lo spirito del concorso, oltre che per il decoro dei palazzi, sarebbe stato anche quello di avvicinare i giovani studenti al mondo dell'arte.
L'Italia ha una radicata tradizione in questo campo e si ritiene, giustamente, che sia importante investire anche in questo settore che ci ha dato e continua a dare tante soddisfazioni.

I vincitori del concorso avrebbero ricevuto un premio in denaro. Al primo classificato tremila Euro, al secondo duemila, al terzo mille e un gettone di presenza per tutti i partecipanti ammessi, a titolo di rimborso spese.

Le domande di ammissione dovevano pervenire entro quindici giorni dalla data di pubblicazione del bando.

Alla scadenza la commissione esaminatrice si è riunita, ha aperto le buste delle domande di ammissione e iniziato la selezione.

Con grande gioia e sorpresa, arriva anche la candidatura del Muralista.

La selezione è fatta in base ai curricula presentati e fra questi sono stati selezionati venti partecipanti, tanti quanti sono gli spazi a disposizione. Naturalmente, è stato ammesso anche "Il Muralista".

I muri sono stati mappati, squadrati e numerati e a ogni partecipante è stato assegnato un numero. Per estrazione ogni numero, che identifica un preciso spazio di un muro, partendo dal numero uno, è stato accoppiato al nome dell'artista estratto. I concorrenti hanno disposizione sette giorni per completare l'opera dopo la data di pubblicazione.

Qualche giorno dopo, il tema del concorso è stato inviato ai concorrenti ed è stato pubblicato sia su un giornale locale che sulla bacheca dell'Università e così recita:

"RIFLESSIONI SULLA VITE".
Rappresentazione di situazioni di vite vissute.
Sono particolarmente gradite le opere umoristiche.
Si possono presentare una o più opere e, comunque,
rispettando lo spazio assegnato.

Il Muralista ha deciso di proporre sette opere con un comune denominatore: "la vite".

È evidente che nel titolo e nel testo del concorso sia stato commesso un errore di battitura: è stato scritto "Vite" invece di "Vita".

Molti partecipanti nel dubbio hanno chiesto e gli è stato confermato l'errore. Gli altri hanno dato per scontato che si trattasse di "vita". Ma gli organizzatori si sono dimenticati di comunicarlo ai concorrenti e non hanno neanche inviato ai media un comunicato ufficiale.

Il Muralista si accorge dell'errore, ma decide di non tenerne conto. Ha un'idea: «Far finta di non aver pensato a un errore e creare delle opere umoristiche, utilizzando la parola "vite" ma con riferimento alla "vita".»

Mancano due giorni per terminare le opere. Alcuni artisti le hanno completate, altri sono a buon punto. Il Muralista non ha nemmeno iniziato e, ormai, si dà per scontato che non parteciperà. Anche perché quel giorno fa molto freddo e la notte sarà gelida. Con grande sorpresa di tutti, l'indomani mattina trovano le opere del Muralista ultimate.

L'ultimo giorno a disposizione tutti completano le proprie opere e inizia l'ispezione della commissione esaminatrice, che nei giorni passati ne ha già visto alcune, ma adesso ci si sofferma, le analizza e prende appunti.

Conclusasi la fase di valutazione, la commissione si è riunita e dopo una lunga e accanita discussione tra i componenti, sono stati decretati i vincitori. Il Muralista si aggiudica il secondo posto e un premio in danaro di duemila euro. Inoltre, le opere dei primi tre classificati saranno pubblicate sulle più importanti riviste del settore.

La decisione della commissione non è stata facile. Soprattutto per le opere del Muralista che i più avrebbero voluto al primo posto. Ma una componente della commissione, la Professores-sa Ragadi, si è opposta fermamente perché a suo dire non si può assegnare un premio a uno sconosciuto.

Ecco le opere del Muralista.

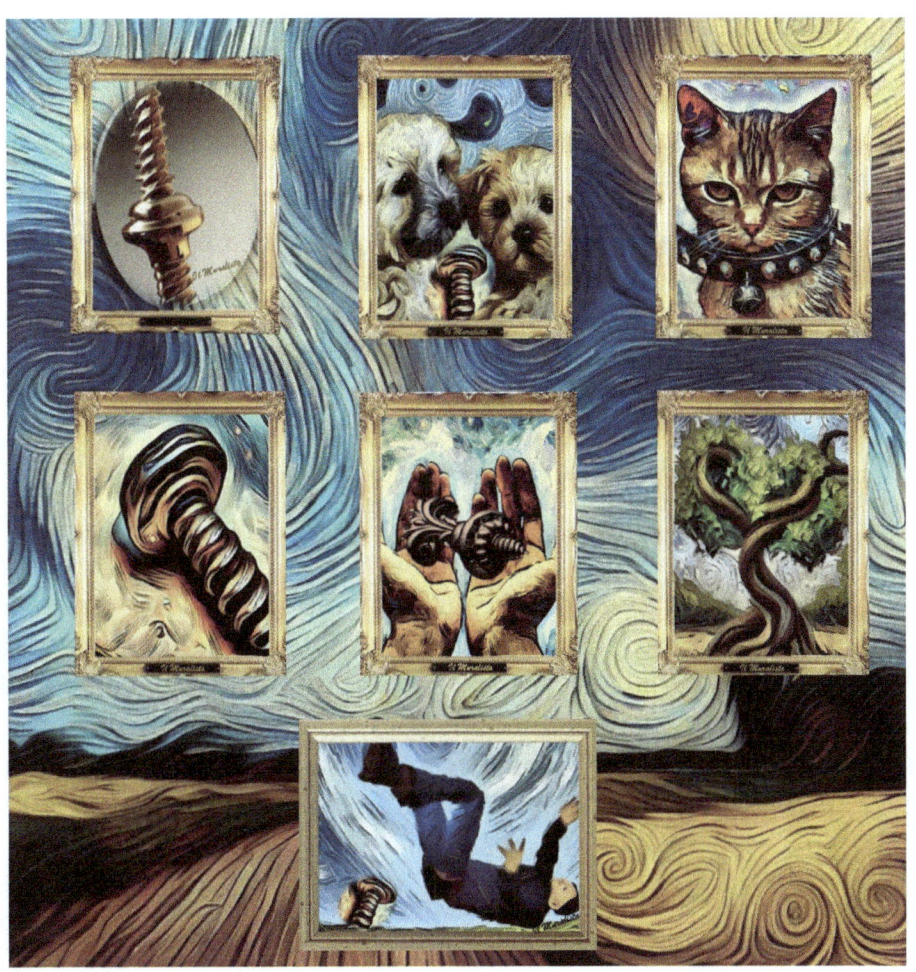

Gli altri giudici, però, erano rimasti affascinati dalla geniale idea del Muralista. L'unico che ha saputo cogliere, con umorismo, l'opportunità dell'errore nel titolo del concorso, senza fare domande e attenendosi al tema.

La settimana successiva c'è stata la proclamazione dei vincitori. Alla premiazione c'era un sacco di gente. La sala era stracolma, molti venuti da lontano a tifare per il Muralista e, finalmente, a conoscerlo.
Intere scolaresche degli Istituti d'Arte arrivate con pullman dalle città vicine e, naturalmente, giornalisti, operatori del settore e

alcune personalità del mondo dell'arte.

Dopo i ringraziamenti di rito e la parola al Sindaco e al rettore dell'Università, sono stati proclamati i vincitori del concorso con le relative motivazioni.

Ma quando chiamano i tre vincitori a ritirare il premio Il Muralista non si presenta e dopo un interminabile silenzio, nella speranza che qualcuno si alzasse, il presidente della Commissione è costretto ad annunciare che il premio del secondo posto per il momento non sarà assegnato.

I presenti rimangono sconcertati, tutti si chiedono perché? Perché rinunciare a un premio di duemila Euro e alla fama? Non se ne capacitano e il mistero aumenta.

Dopo una decina di giorni esce un articolo sulla rivista Artetica che parla del concorso, degli artisti premiati e, soprattutto, del fatto che "Il Muralista" non si sia presentato, confermando di avere una grande personalità che non si può comprare né con il danaro e né con la fama e il successo, e sappiamo bene che i più venderebbero l'anima per questo.

«Il Muralista», scrive il Professor Capacchione nel suo articolo, «è stato l'unico artista che si è attenuto al tema proposto. Purtroppo, nella pubblicazione del concorso è stato commesso un errore di battitura. Nel titolo e nel corpo del testo è stato scritto "*Riflessioni sulla vite*" invece di "*Riflessioni sulla vita*".

"Il Muralista" non si è perso d'animo e con prontezza di spirito ha realizzato una collezione di sette dipinti sul tema proposto. Fra l'altro, lui è riuscito a collegare le due parole, vite e vita, che sono simili ma hanno significati profondamente diversi.

Il richiamo per assonanza alla "vita" è di immediata comprensione, ma quello che ci sta dietro e che l'autore ha colto ha ben altro e più profondo significato e merita un approfondimento.

Tutti i murales, naturalmente, sono incorniciati secondo lo

stile del Muralista, che ha sorpreso alcuni componenti della commissione che non lo conoscevano.

L'ho intervistato per telefono, mi ha chiamato da un numero anonimo e mi ha spiegato il perché di queste opere. Lui ha approfittato dell'errore per evidenziare che la parola vite, pianta e manufatto, e la parola "vita" possono essere associate in diverse similitudini.

Sia la vite metallica che il prodotto della vite (vino) hanno la prerogativa di unire. Le persone tendono naturalmente ad unirsi, perché l'unione fa la forza e fa stare meglio. La vite è forte, ma è anche resiliente, si adatta facilmente. Anche l'uomo è forte e si adatta alle più disparate situazioni. La vite è una pianta che cresce rapidamente, sviluppando rami e rampicanti. Analogamente, la vita è un processo di crescita e sviluppo continuo, in cui le persone acquisiscono esperienze, maturità e conoscenza. Le viti tendono ad avvolgersi attorno a supporti o oggetti per sostenersi. Nella vita, le persone cercano connessioni con gli altri, formando relazioni e legami che for-niscono supporto emotivo e sociale. Le viti sono notoriamente robuste e resilienti, in grado di supportare condizioni climatiche avverse e le viti metalliche sono capaci di sopportare tensioni e carichi. Allo stesso modo, nella vita la resistenza è necessaria per affrontare gli ostacoli, su-perare le avversità e mantenere la determinazione anche di fronte alle difficoltà.

Le viti subiscono un processo di trasformazione durante il ciclo vitale, passando attraverso diverse fasi come la crescita, la fioritura e la maturazione dei frutti. Nella vita, le persone attraversano anche una serie di fasi e cambiamenti, affrontando trasformazioni personali, professionali ed emotive. Le viti possono essere utilizzate in diverse situazioni e per scopi diversi, poiché sono disponibili in varie dimensioni e forme.

Analogamente, nella vita, l'adattabilità è un'abilità preziosa che ci consente di affrontare le sfide e di adattarci ai cam-   biamenti, restando flessibili e aperti alle nuove opportunità.

Il murale comprende otto opere distinte, ma che hanno per comune denominatore la "vite".
"Il Muralista" ha fatto recapitare alla commissione il titolo di ogni opera, per poterne meglio comprendere il significato.

Il primo murale rappresenta il titolo del tema del concorso: "Riflessione sulla vite". È l'opera che dà il nome all'intera collezione.

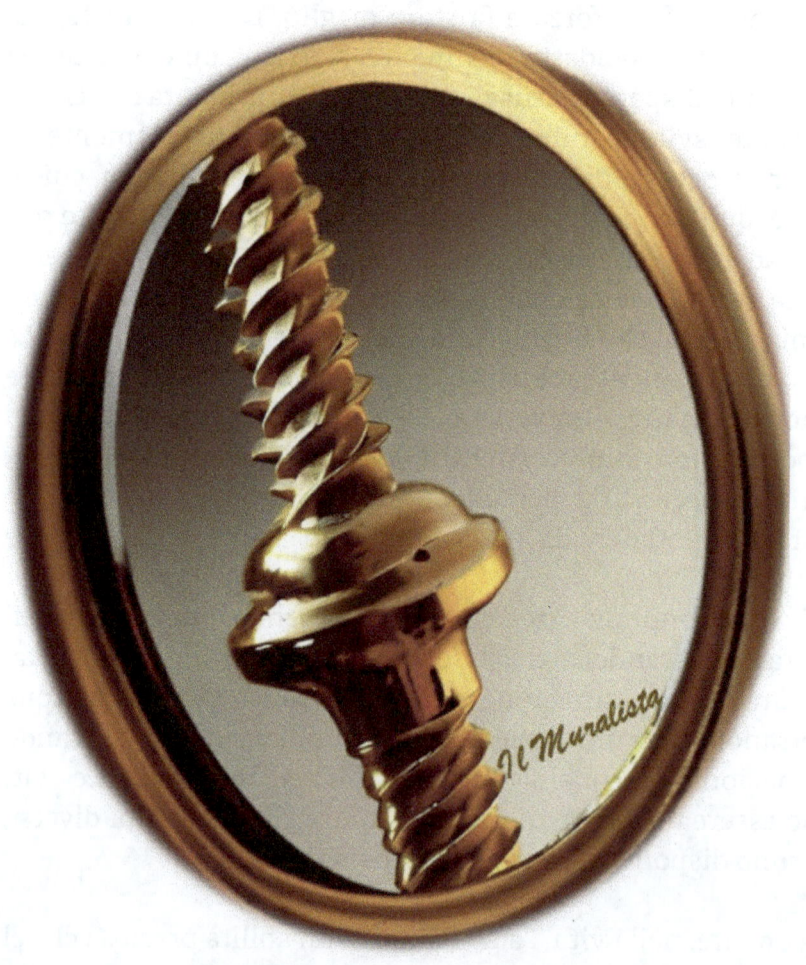

La vite che si riflette nello specchio, come una persona che ama guardarsi. Una bella idea, quella di un dipinto che interpreta perfettamente il titolo stesso del concorso. Particolare la cornice, tipica degli specchi, perfetta.

La seconda opera è "L'albero della vite".

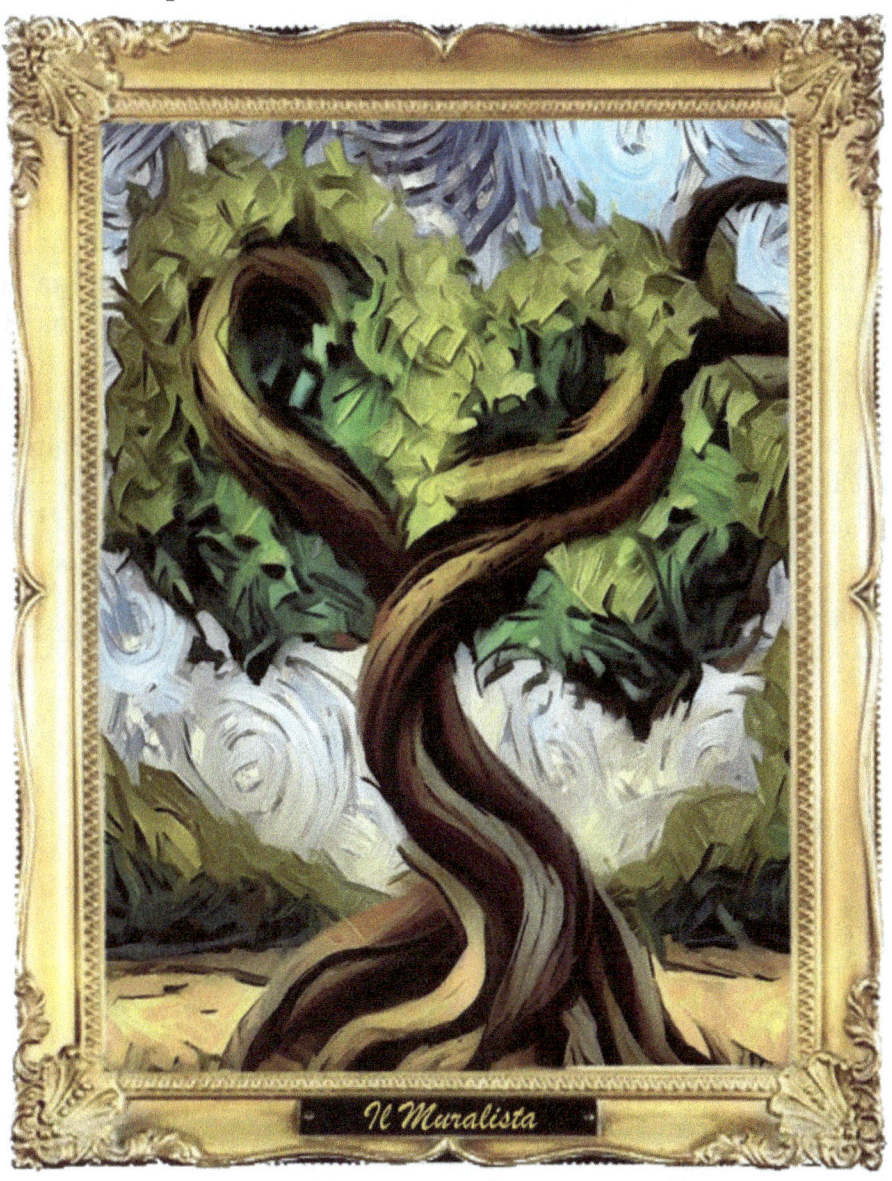

Il murale richiama a un famoso quadro che vediamo appeso ai muri di molte case, spesso posizionato sulla testata del letto della camera matrimoniale.

L'opera "L'albero della vita" è come un augurio.

Regalando questo quadro ci si augura che l'unione possa pog-giare su solide radici, come la famiglia e le relazioni, che la vita sia laboriosa e ricca come le foglie e che dia buoni frutti.

Per questo murale l'autore ha utilizzato la vite da vino "maritata" con un albero. Pratica diffusa nel passato in alcune zone e soprattutto per alcune cultivar, per esempio l'asprigno. L'albero che ha disegnato Il Muralista sopporta il peso della vite, come una persona di buon cuore dà ospitalità ad un'amica particolarmente cara, che contraccambia fornendo un'ulte-riore possibilità di ombra e l'attrazione, con i suoi frutti, di uccelli e insetti impollinatori.

La terza opera, "Vite da cane", è dedicata a queste meravigliose creature. Si capisce subito che "Il Muralista" ha una grande passione per gli animali.

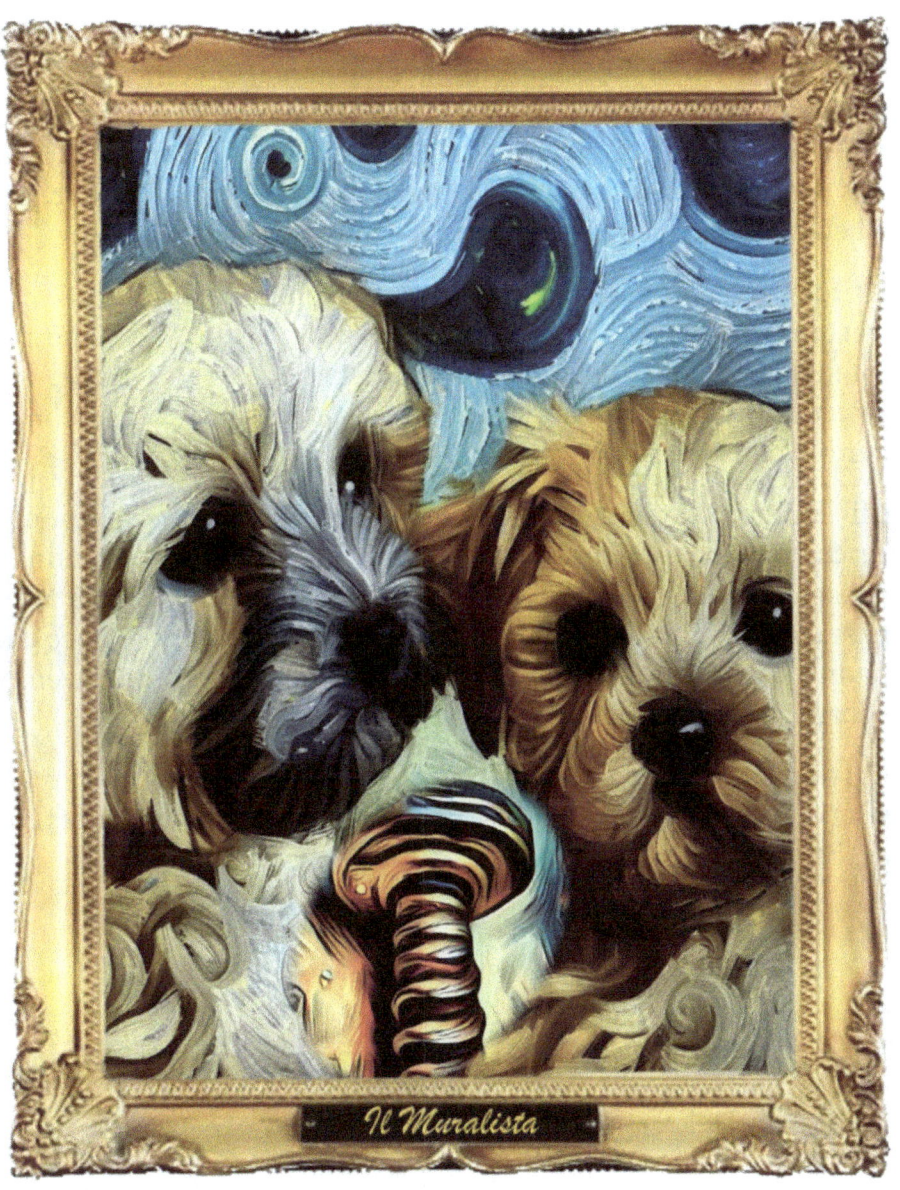

Il Muralista

L'espressione "vita da cane" allude alla misera vita dei cani randagi. Il termine "randagio" richiama, appunto, a una vita miserrima, con poche risorse, senza un tetto e senza un padrone.

Non siamo noi che decidiamo dove nascere, ma ciò avrà un impatto determinante sulla vita di ognuno. Per il cane an-   cora di più, perché da ciò dipenderà sicuramente la sua felicità. Lui difficilmente potrà decidere di cambiare, come facciamo noi quando non siamo soddisfatti della vita che conduciamo e dell'ambiente in cui viviamo. In questo, il cane è come le piante, nasce in un posto e si adatta a viverci, solo pochi sono quelli che si ribellano e scappano.

Il titolo richiama alla mente la stereotipa immagine della dif-ficile esistenza dei cani randagi, ma dobbiamo chiederci se siano più infelici loro o quelli che hanno un padrone, un tetto e un pasto assicurato, ma che l'hanno dovuto pagare a caro prezzo con la perdita della libertà.

Gli animali domestici troppo spesso vivono in solitudine, rinchiusi in un angusto recinto. Innocenti condannati all'ergastolo, ridotti a spettatori della vita e che abbaiano ai passanti non si sa se per la paura che gli venga tolto quel poco che hanno o per attirare la loro attenzione, chiedendo di intervenire contro questa grande ingiustizia.

Nel dipinto c'è però ottimismo, rappresentato dalla serenità e dalla simpatia dei cagnolini, con la vite al centro come parte integrale del bel quadretto.

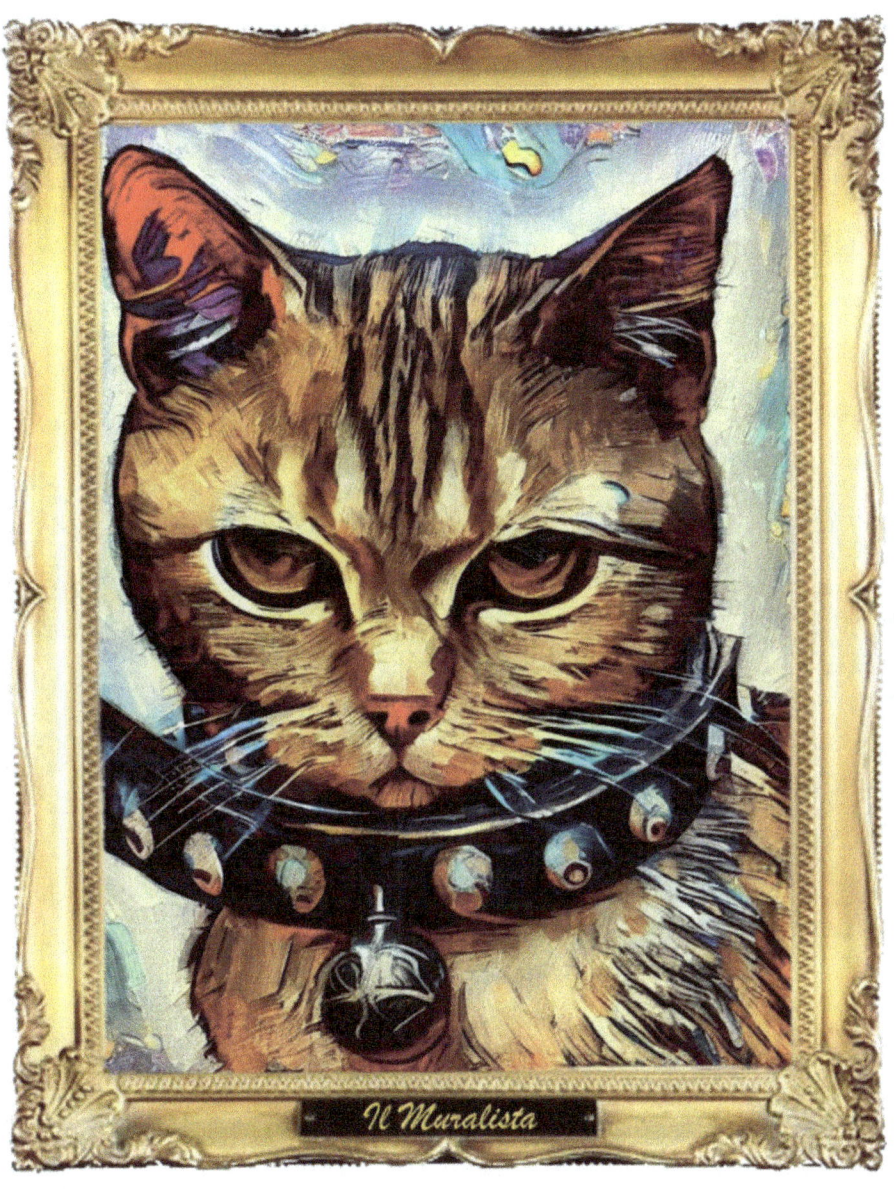

Il Muralista

La quarta opera, "Resilienza", richiama al detto "le sette vite dei gatti". Il quadro fa riferimento alla straordinaria capacità dei gatti di riuscire a sopravvivere anche dopo brutti incidenti e simboleggia con estrema chiarezza e semplicità il concetto di resilienza. Termine usato e abusato, ma che è sempre attuale.

Oggi, abbiamo più che mai bisogno di essere resilienti per superare il momento difficile che stiamo vivendo.

Concetto per niente semplice da mettere su tela, ma che l'artista riesce a esprimere con efficacia, grazie a questa bella idea del gatto che porta un collare con sette viti.

Il quinto dipinto: "Tutta la mia vite in un quadro".

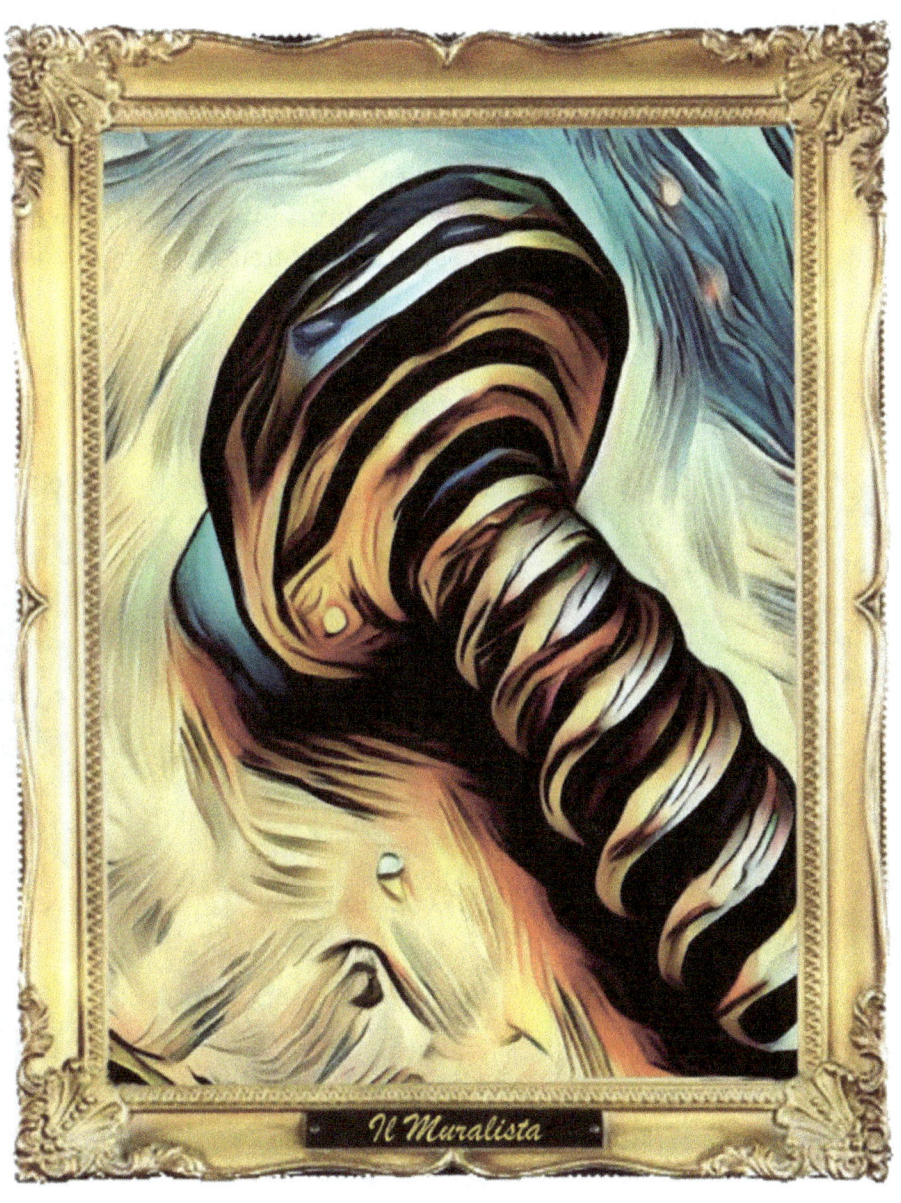

Il Muralista

È la rappresentazione della sintesi perfetta.

Con la visione di un'immagine e molta fantasia si potrebbe

viaggiare a proprio piacere nello spazio e nel tempo, percorrendo tutta la propria vita.

"Il Muralista" l'ha fatto con la vite, ma sarebbe straordinario poter immortalare tutta la propria vita in un quadro. Saper sfruttare al massimo un piccolo grande spazio, con la consapevolezza della sua grande potenzialità, ma anche dei limiti imposti dalla cornice che, autoritaria, non lascia altro spazio che quello.

Il sesto murale: "Perde la vite per una banale caduta".

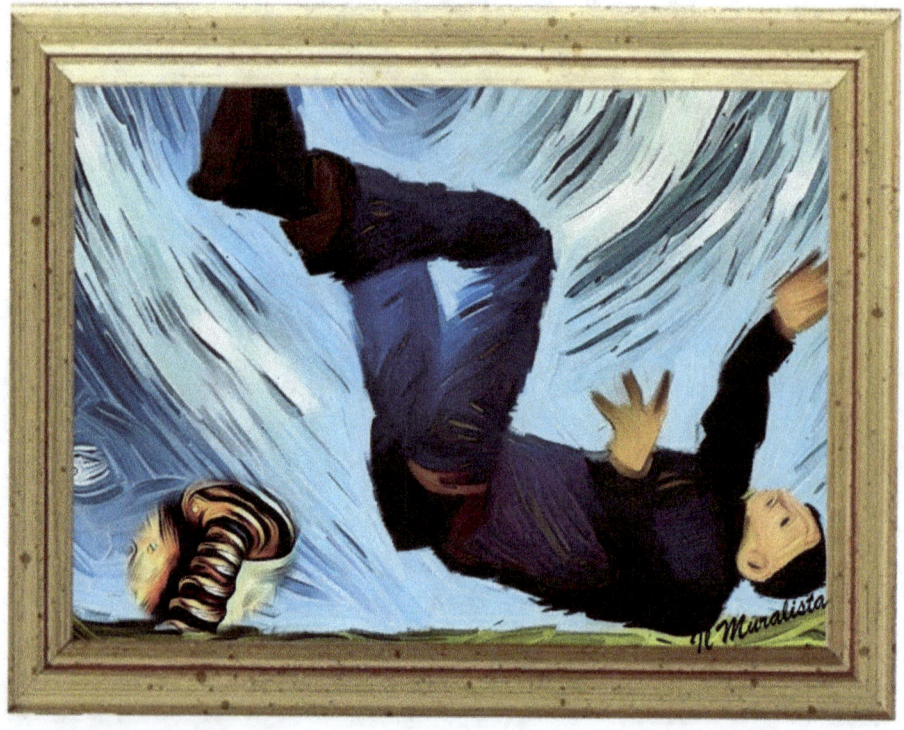

Il dipinto è una metafora che rappresenta un dramma pur-troppo frequente, soprattutto nel mondo del lavoro e sulle strade. L'immagine della vite che cade è un'intelligente trovata che ci riporta a un grave problema e ci deve far riflettere.

Perdere la vita per un comportamento superficiale, come per

esempio l'uso del telefonino mentre si guida, non prendere le dovute precauzioni negli ambienti di lavoro o, ancora peggio, risparmiare sul lavoro a scapito della sicurezza, è una cosa stupida e inaccettabile.

L'ultimo dipinto della collezione rappresenta un atto di fiducia: "La mia vite nelle tue mani".

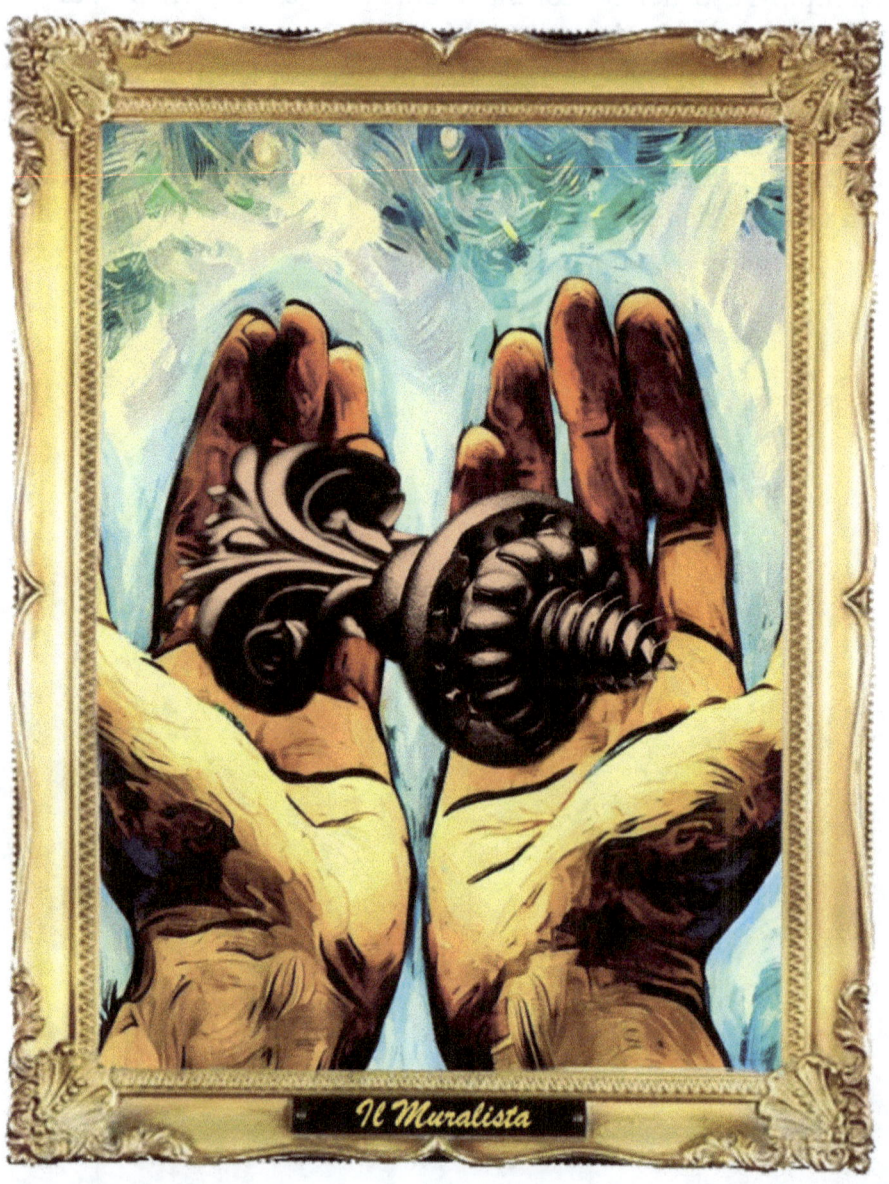

Il Muralista

Perché se la "vite", come la vita, fosse il bene più prezioso che uno ha, metterla nelle mani di qualcuno sarebbe un atto di   estrema fiducia.

Lo facciamo molte volte con la nostra "vita" e nemmeno ce

ne accorgiamo. Per esempio, quando ci affidiamo ai medici in ospedale, quando saliamo su un aereo, quando andiamo in giro con una moto guidata da un altro, oppure in tutte quelle occasioni pericolose.

Ma tutto ciò sta a significare che abbiamo imparato ad avere fiducia nel prossimo e questa è una bella cosa.

5

"Il famoso beneficio del dubbio esiste:
coltivo il dubbio ed è più rilassante della marijuana."
Caparezza

In attesa dell'inizio della riunione un gruppetto di studenti chiacchiera del più e del meno. Qualcuno ha raccontato di un fatto curioso che gli è accaduto recentemente e a seguire ognuno racconta e si racconta.

Riccardo curioso chiede: «Luigi e tu che ci racconti?»

«Sapissivi che m'è successo l'atu jiornu.» Sono tutti curiosi e lo incoraggiano a raccontare l'accaduto. Luigi è bravo nel creare l'aspettativa.

Così prosegue: «Io e Nicola dovevamo piglià nu treno. Simm arrivati co a machina vicino 'a stazione e non si trovava nu maronna e parcheggio. Così amm parcheggiato dint 'a nu spazio dove ci steve 'o cartiello "divieto di sosta con rimozione". Non avevamo altra scelta, pecché non potevamo perdere 'o treno.

Pacienza, eravamo preparati a pagà 'a multa, magari dopo ci potevamo anche inventare quacche cosa. Song tornato primm io, Nicola avrebbe pigliato 'o treno delle diciannove. L'avrei anche aspettato ma abbiamo convenuto che bisognava spostare 'a machina da lì al più presto. Song sagghjiuto e mi sono accomodato dint 'a no scompartimento vuoto. A chell'ora non viaggia molta gente. Dopo nu pocu trasa dint 'o scompar-timento nu gruppetto e guaglioni ca non mi parevano proprio brave perzune. Scherzavano e mi spiavano, erano molto in-teressati al mio mac che avevo sulle ginocchia. Così, cercann di fare l'indifferente l'ho chiuso e riposto nello zainetto. Questi non me la raccontano giusta, ho pensato.

Ero stanchissimo e, purtroppo, dopo nu pocu mi so addormuto.»
Esclamazioni di stupore da parte dei compagni che chiedono con ansia cosa sia successo dopo.

«Mi so svegliato e soprassalto pecché 'o treno stava rallentando. I guagliuni erano spariti. Cerco subito 'o zainetto, era affianco a me, lo apro…» Fa una pausa lasciando tutti in trepida attesa e dopo prosegue: «C'era tutto, anche il mac. Mi avranno rubato altro, ho subito pensato. Ma non tengo 'o tiemp e controllà devo scendere.»
Altra pausa, tutti aspettano con ansia il prosieguo del racconto.

«Salto dal treno e subito controllo nelle tasche del giubbotto e dello zainetto. C'è tutto, anche il portafoglio. Lo apro e controllo, non manca nulla. Non ci posso credere. Allora corro alla macchina, è ancora lì, ma song sicuro che m'hanno fatto a multa. Controllo, nulla, nessuna multa. Entro e parto. Song e-sausto, è andato tutto troppo bene, addò sta a fregatura?»

Che è successo? Chiedono in coro.

«Song preoccupato, ho comm na brutta sensazione. Entro in casa e corro in cucina. Mia sorella sta apparecchiando, mammà è ai fornelli e appena mi vede sorridendo mi dice di farmi 'na rinfrescata che è quasi pronto, ha preparato il polpo arrosto con patate, il mio piatto preferito.»

Dopo un momento di silenzio un ragazzo chiede: «Scusa Luigi, finisce qua?»

«Sì e capisco che vuò dicere. Niente di speciale e infatti io aggiu voluto solo raccontà 'a normalità. Pecché oggi fa chjiù notizia a normalità che l'eccezionalità, di drammi quotidiani ne vi-viamo ogni giorno e nun fann chjiu notizia.»

Tutti scoppiano a ridere e si complimentano con Luigi che quando racconta qualcosa ti rapisce, sarà anche per il fatto che lui si esprime in uno slang del dialetto napoletano che è musica per le orecchie, ma è anche comprensibile e simpaticissimo e, soprattutto, sa governare le pause.

Quando ci sono abbastanza persone si apre l'assemblea per discutere la bocciatura della proposta del referendum sulla liberalizzazione della cannabis.

Gli studenti non ci possono credere che il referendum non sia stato approvato. Loro, il consumo contenuto delle droghe leggere non lo ritengono più pericoloso delle sigarette, alcol e altre sostanze. Ma il danno procurato alla collettività dal mercato illegale è molto più grande.

Dopo numerosi interventi e appassionate discussioni, si decide di aderire alla manifestazione di protesta organizzata nella città.

Gli attivisti del collettivo decidono di vedersi il giorno dopo per organizzarsi. Il gruppo, come al solito, sarà coordinato da Rosa.

La mattina successiva su una parete del palazzo dell'Università appare un insolito murale. Molti studenti vanno a vederlo. Non è un dipinto come gli altri, ma un'opera che rappresenta una strana composizione di oggetti reali e desta una notevole curiosità

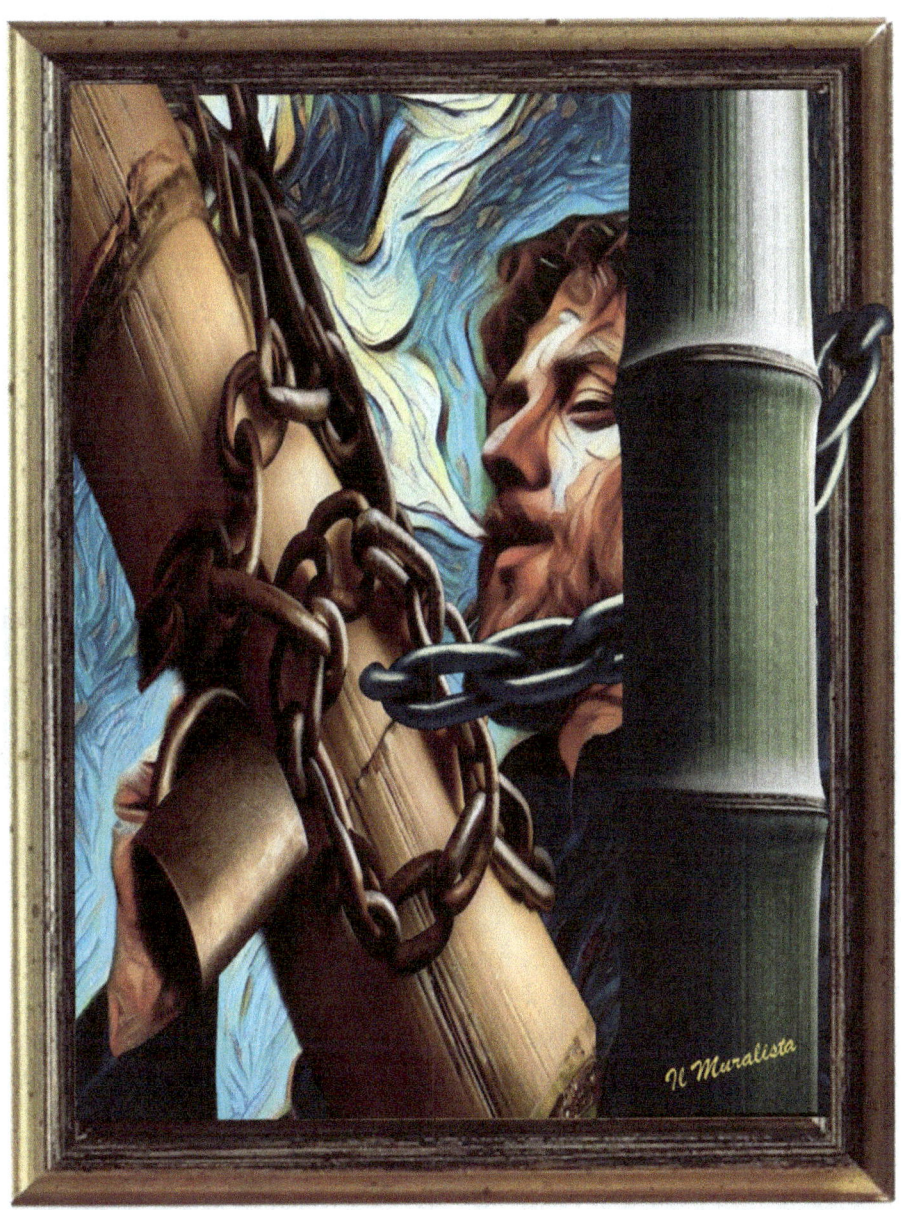

Il murale, come gli altri, sembra un quadro appeso e gli oggetti sono disegnati così bene che sembrano veri. Tutti quelli che lo vedono ne restano affascinati, anche se non ne capiscono perfettamente il significato.

Naturalmente, diverse sono le interpretazioni e, comunque, molti concordano con chi ha azzardato che possa riferirsi alla cannabis, anche perché la sera prima nel collettivo di questo si era parlato e sullo sfondo c'è un uomo che fuma.

Lo stesso giorno, alla redazione del Professor Capacchione arriva una busta senza mittente che contiene un foglio firmato dal Muralista. Nel foglio c'è la spiegazione del murale.

Dopo qualche giorno esce un articolo sulla rivista Artetica firmato dal Professore: «Il Muralista non smette mai di sorprenderci. Pochi giorni fa ha firmato un'opera, semplice ed efficace, a sostegno della manifestazione degli studenti contro la decisione di bocciare il referendum sulla liberalizzazione della cannabis.»

Al centro dell'articolo la foto del murale, poi l'articolo prosegue: «L'autore ricorre a una geniale metafora per dire la sua. Il murale è una sorta di rebus ed è stato realizzato dipingendo oggetti reali e così va interpretato: a sinistra una canna di bambù sofferente e incatenata, a destra una seconda canna in perfetta salute e con la catena sciolta, come ad intendere che era anch'essa imprigionata e poi liberata. Ma la seconda canna, anch'essa di bambù, possiamo dire che sia una "canna bis".
Ed ecco che il titolo del murale diventa "La liberalizzazione della cannabis".

Veramente intelligente la composizione metaforica, ma c'è di più. Il ricorso alle catene vuole riportare alla mente il dolore degli schiavi. Dolore fisico, mentale e morale, così come lo è una dipendenza. Mentre il lucchetto, che è anche un simbolo d'amore, vuole intendere che finché si rimane in un uso occasionale e moderato, le droghe leggere non potranno fare trop-po male, ma solo se si ama prima di tutto se stessi e poi anche chi ci circonda e ci vuole bene.

Sullo sfondo un uomo perso nei propri pensieri che guarda il nulla. Tipica figura di fumatore accanito, vittima della dipen-denza.

In quest'opera il Muralista interpreta solo il sentimento della manifestazione, ma non è un incitamento alla liberalizzazione delle droghe.

Sul tema c'è un generale grande imbarazzo. Certamente andrebbe rivista la legge che regola la commercializzazione delle droghe leggere come la cannabis. Secondo alcuni studi il consumo di cannabis è diviso in due filoni, il mercato sociale e quello dei pushers. Il primo è il mercato di scambio fra amici. In questo caso la merce viene scambiata per aumentare il capitale sociale, cioè l'amicizia tra le persone.
Lo scambio non ha finalità di lucro e ha lo scopo di esaudire una richiesta, un'esigenza di un amico. In questo mercato non c'è la spinta al consumo ma solo la soddisfazione della domanda, perché il fine non è il lucro ma il miglioramento della relazione.

Di solito la merce proviene da piccole coltivazioni familiari oppure da acquisti sul mercato illegale.

Il mercato dei pushers ha scopo di lucro ed è controllato dalla criminalità organizzata. Questo mercato è un grave pe-ricolo per la collettività e per diversi motivi. I pushers sono fortemente interessati a incentivare il consumo delle droghe leggere e, soprattutto, a promuovere quello delle droghe pesanti. Inoltre, tentano in tutti i modi di far diventare abi-tuale il consumo occasionale e di far passare un consumatore abituale di droghe leggere a consumatore di droghe pesanti. Infine, in questo mercato le controversie che potrebbero sorgere tra acquirente e venditore sono regolate molto spesso con la violenza.

La vendita dei pushers avviene nelle piazze dei peggiori rioni delle città.
Gli spacciatori sono ben conosciuti dalla popolazione locale e ciò genera apprensione, ma è anche sinonimo di forte degrado, perché la sensazione è che quei luoghi siano abbandonati a sé stessi e governati dalla malavita organizzata.

Ogni genitore vive con la paura che i propri figli possano prendere brutte strade. Sono coscienti di non poter offrire loro quello che i ragazzi di altri rioni ricevono dai propri genitori e la malavita, che è alla continua ricerca di manovalanza, adesca facilmente i ragazzi con false promesse.

Il giro d'affari delle sole droghe leggere è di alcuni miliardi di Euro. I ricavi della malavita sono enormi e questo fiume di denaro sarà poi impiegato in altri ambiti, con il rischio di concorrenza sleale alle altre attività e di mettere in crisi interi comparti dei mercati legali. Contro le aziende della malavita organizzata si perde perché hanno molta liquidità, non pagano le tasse, sfruttano gli operai e ricorrono a intimidazioni e violenza nei confronti della concorrenza e di chi si ribella.

La legge sulle droghe leggere andrebbe rivista e diversamente regolamentata, soprattutto per ripulire le piazze dagli spacciatori e togliere liquidità alla malavita. Alla fine si tratterebbe di trovare la migliore soluzione, la meno dolorosa per la società. Ma dobbiamo anche convenire che la preoccupazione di molti è giustificata, perché la liberalizzazione delle droghe potrebbe indurre, soprattutto i giovani, a incrementarne il consumo. Inoltre, non è detto che la liberalizzazione tagli fuori la malavita, perché troveranno il modo di come inserirsi, offrendo magari quello che la legge vieta. Più che lavorare sul prodotto, vietandone il consumo, bisognerebbe lavorare sulle persone e sulla prevenzione.

La società dovrebbe investire di più sui giovani, puntando allo sviluppo delle loro competenze personali e sociali, che potrebbe aiutarli a diventare più consapevoli nel prendere le decisioni e avere maggiore capacità di resistenza alla pressione dei pari.

Un ruolo importante lo gioca la famiglia. I genitori devono stabilire una comunicazione aperta con i loro figli, fornire loro un ambiente di supporto e istruirli sugli effetti delle droghe. Il coinvolgimento familiare può contribuire a ridurre i fattori di rischio e aumentare i fattori di protezione. Ma non è suf-ficiente, nelle situazioni critiche i genitori da soli non ce la possono fare.

Anche la scuola deve fare la sua parte, implementando programmi educativi che affrontano l'uso delle droghe e pro-muovono stili di vita sani. Questi programmi devono fornire informazioni accurate sulle droghe, migliorare le abilità di resistenza e promuovere un ambiente scolastico sicuro.

Ma è fondamentale coinvolgere tutta la comunità: famiglie, scuole, organizzazioni giovanili, istituzioni locali e altre parti interessate, per creare ambienti sani e promuovere stili di vita privi di droghe.

È importante ricordare che la prevenzione dell'uso di droghe è un processo complesso e che le strategie devono essere adattate alle specificità culturali, sociali e individuali di ogni contesto. Una combinazione di approcci multipli e coordinati è spesso la chiave per affrontare con successo la prevenzione dell'uso di sostanze che creano dipendenza.

Dopo le manifestazioni di protesta, è arrivata la risposta di Giuliano Amato che in conferenza stampa ha così spiegato la bocciatura del referendum sulla coltivazione domestica della canapa: "Il referendum non era sulla cannabis, ma sulle sostanze stupefacenti. Si faceva riferimento a sostanze che includono papavero e coca, le cosiddette droghe pesanti. E questo era sufficiente a farci violare obblighi internazionali".»

La rivista è stata ben accolta nell'ambito studentesco e la foto del murale è diventata virale sui social. Ancora una volta ha fatto più rumore il murale che la manifestazione di centinaia di studenti.

Riccardo dopo aver letto l'articolo del professore, commenta: «Certo, dobbiamo ammettere che per le famiglie che si ritrovano un figlio con problemi di dipendenza è una dura prova.»

«Figuriamoci per i ragazzi! Perdono l'autostima e si sentono perennemente in colpa. La società li esclude e li tratta come appestati, non meritevoli di frequentare i bravi ragazzi. Il loro futuro, incerto, è seriamente compromesso. Sì, la problematica è complessa e va trattata con molta cautela.» Aggiunge Rosa.

Subito dopo interviene Corrado: «Purtroppo le dipendenze sono tante. Non c'è solo la droga ma anche l'alcol, il fumo, cibi tossici come i dolci, il sesso compulsivo.»

«Chella è n'ata storia.» Risponde Luigi che poi prosegue: «Finché riguarda nu guaglione nun c'è problema, pecché con l'età si cambia. Ma se ne soffre n'adulto è na malatia. Noi avimm nu cerviello, quello dint a capa, e natu ca sta dint o stomaco. Insomma, potimm dicere c'avimm tre cape: chella sul collo, chella dint'a pancia e chella in miezz e gambe. Io classifico e perzuni a seconda e quale capa cummanna. Se è chella sul collo, è n'omm. Se è quella nella pancia è nu pover'omm. Se è quella in miezz e gambe è n'omm e nient. E chestu ragionamento vale pure ppe e femmine.»

Naturalmente, tutti a ridere e a dare pacche sulle spalle, concordando con la sua tesi.

La rivista è stata ben accolta nell'ambito studentesco e la foto del murale è diventata virale sui social. Ancora una volta ha fatto più rumore il murale che la manifestazione di centinaia di studenti.

6

"La pittura è una poesia muta
e la poesia è una pittura cieca."
Leonardo Da Vinci

Mentre Riccardo e Maria sono a passeggio incontrano Pietro, un conoscente di un'Associazione Culturale che collabora con il collettivo degli studenti. Dopo i saluti, Pietro li informa che hanno indetto un concorso di poesie al quale sono invitati a partecipare anche gli studenti. Riccardo lo rassicura che provvederà a far circolare la notizia e si fa inviare l'invito tramite WhatsApp, così da poterlo far girare fra gli studenti.

Il concorso è a tema libero e le poesie dei primi tre classifi-cati saranno inseriti in una raccolta che sarà poi pubblicata da un importante editore. La partecipazione degli studenti è gratuita, mentre per gli altri partecipanti è previsto un contributo. Bisogna presentare almeno tre componimenti.

Maria, rivolta a Riccardo: «Perché non partecipi anche tu?»
«Non so Maria, non ho mai partecipato a un concorso. Mi sembra prematuro. Io scrivo solo per diletto.»

Naturalmente, sappiamo che se Maria si mette in testa una cosa la ottiene e così convince Riccardo a partecipare.

Appena si sparge la voce fra gli amici, Riccardo riceve diverse telefonate di incoraggiamento, tutti faranno il tifo per lui. Al concorso partecipano altri studenti, ma del collettivo solo Riccardo.

Il tema del concorso raccomanda di trattare temi attuali, come la solitudine, la libertà di pensiero, il rispetto degli altri e dell'ambiente. Dopo dieci giorni dalla data ultima per la rice-zione delle poesie, si riunisce la commissione per decretare i vincitori del concorso.

Riccardo si posiziona al terzo posto e ne rimane molto sod-disfatto. Al concorso hanno partecipato scrittori professionisti e non. Il risultato ottenuto da Riccardo è confortante. Gli amici del collettivo, soprattutto Maria, sono molto contenti e si complimentano con lui.

Il giornale locale pubblica le poesie dei primi tre classificati e il giorno dopo su un muro del Liceo Classico appaiono alcuni murales. Ogni murale è la rappresentazione di una poesia e affianco al murale c'è il testo.

Il primo murale rappresenta la poesia "Gabbiano".

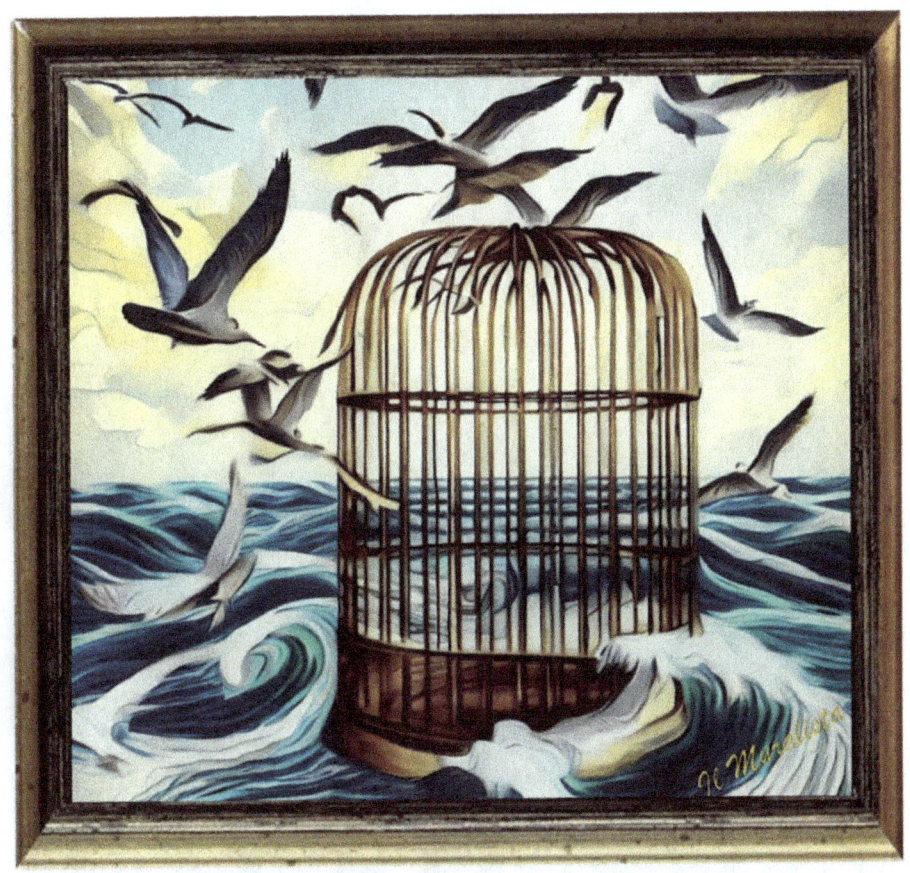

L'autore è contro chi vuole limitare la libertà.

Ecco la poesia che ha stupito tutti anche per come è stata scritta sul muro. Sembra stampata.

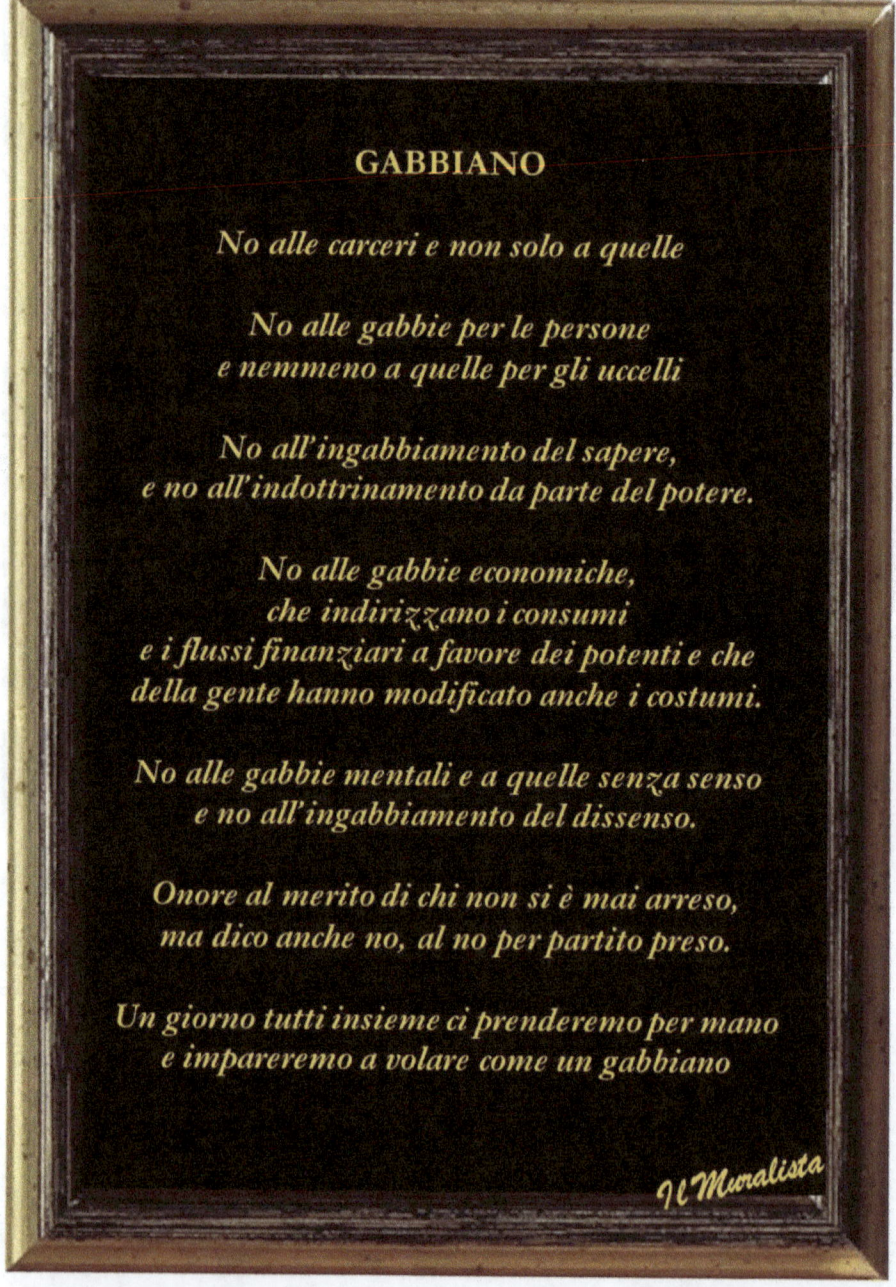

GABBIANO

No alle carceri e non solo a quelle

No alle gabbie per le persone
e nemmeno a quelle per gli uccelli

No all'ingabbiamento del sapere,
e no all'indottrinamento da parte del potere.

No alle gabbie economiche,
che indirizzano i consumi
e i flussi finanziari a favore dei potenti e che
della gente hanno modificato anche i costumi.

No alle gabbie mentali e a quelle senza senso
e no all'ingabbiamento del dissenso.

Onore al merito di chi non si è mai arreso,
ma dico anche no, al no per partito preso.

Un giorno tutti insieme ci prenderemo per mano
e impareremo a volare come un gabbiano

Il Muralista

La seconda poesia non è di Riccardo ma di Leonardo, il poeta che si è classificato al primo posto. Poeta profondo, a volte triste, ma mai banale. Leonardo ha presentato cinque poesie e Il Muralista ha scelto quella più triste, ma che gli è piaciuta di più e l'ha così rappresentata.

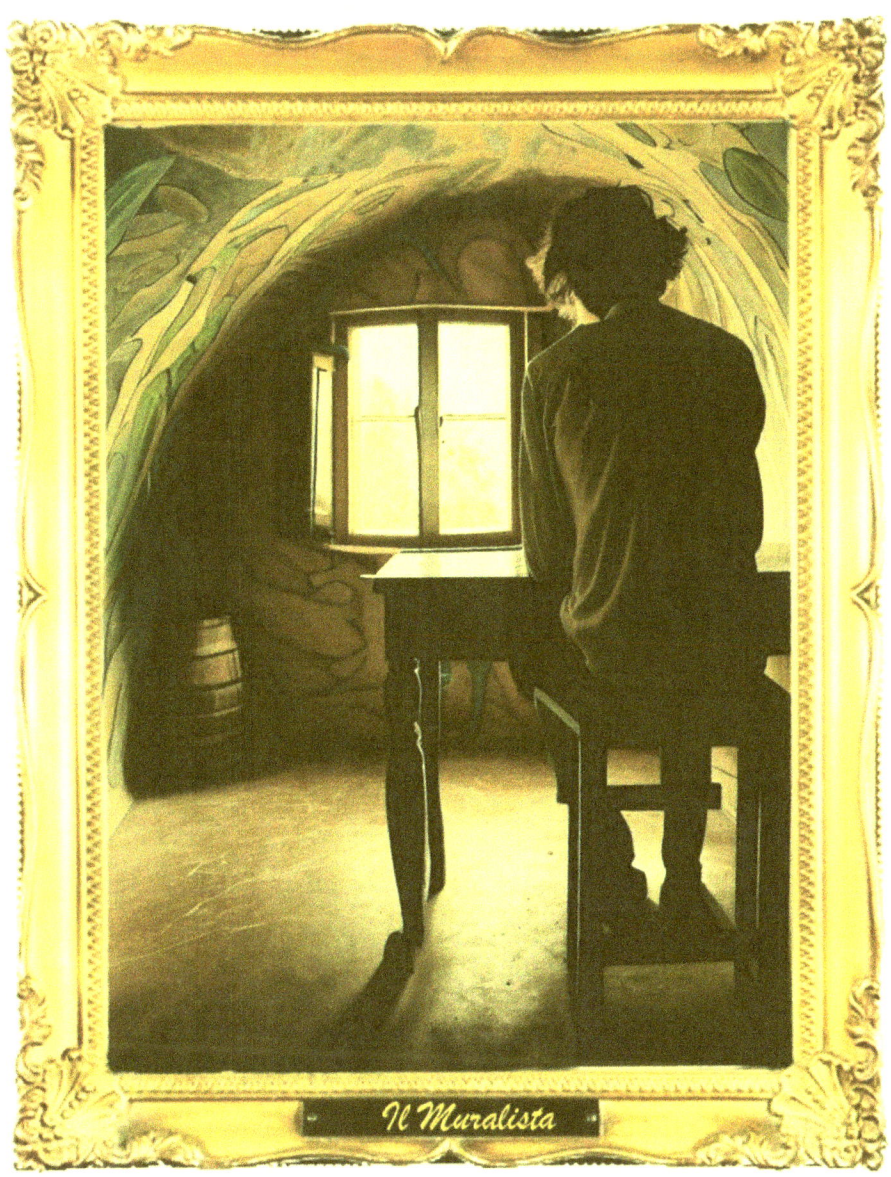

Il Muralista

La poesia tocca il tema della paura di vivere, molto attuale nel periodo che stiamo vivendo.

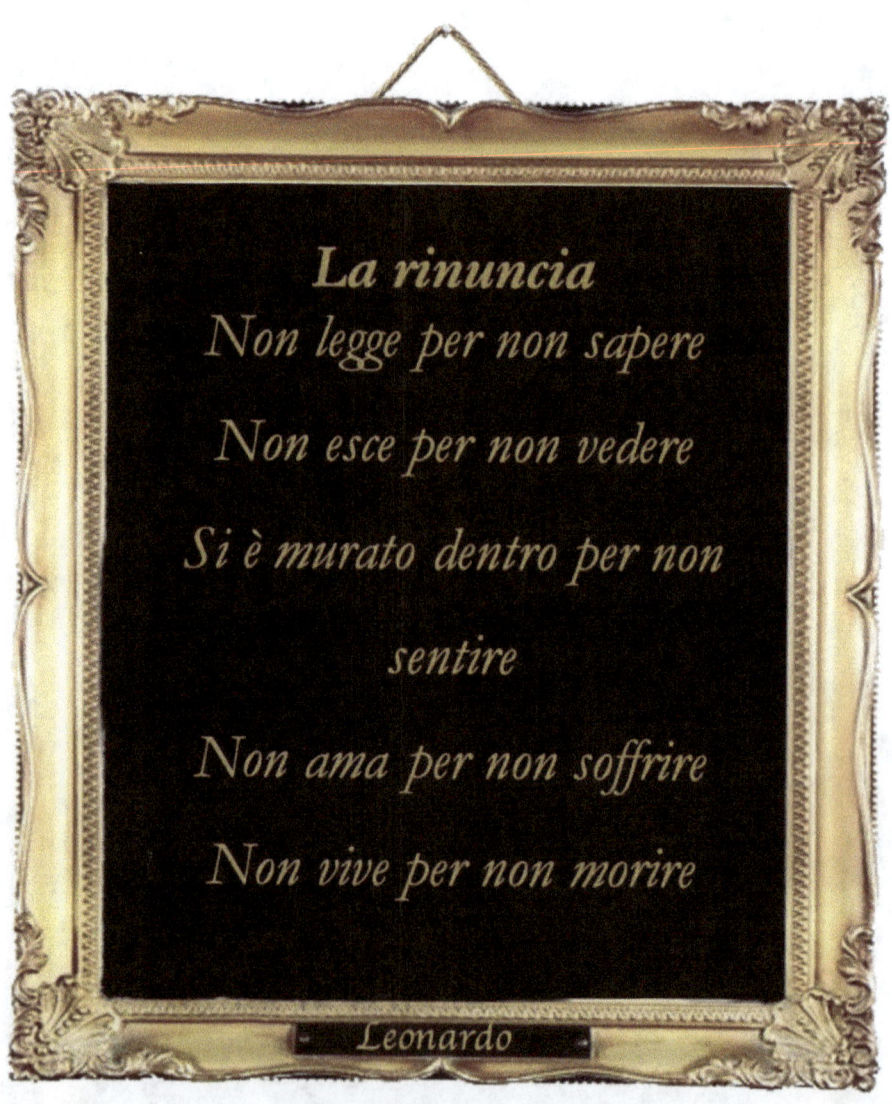

La paura del confronto, dell'ignoto e, soprattutto, l'incapa-cità di promuovere e coltivare le relazioni, anestetizzati dalla troppa TV che non esige alcuna interazione e impigrisce la mente e il fisico, con il risultato di un crescente isolamento e una progressiva rinuncia alla vita reale.

La terza poesia di Riccardo è un inno alla libertà di pensiero.

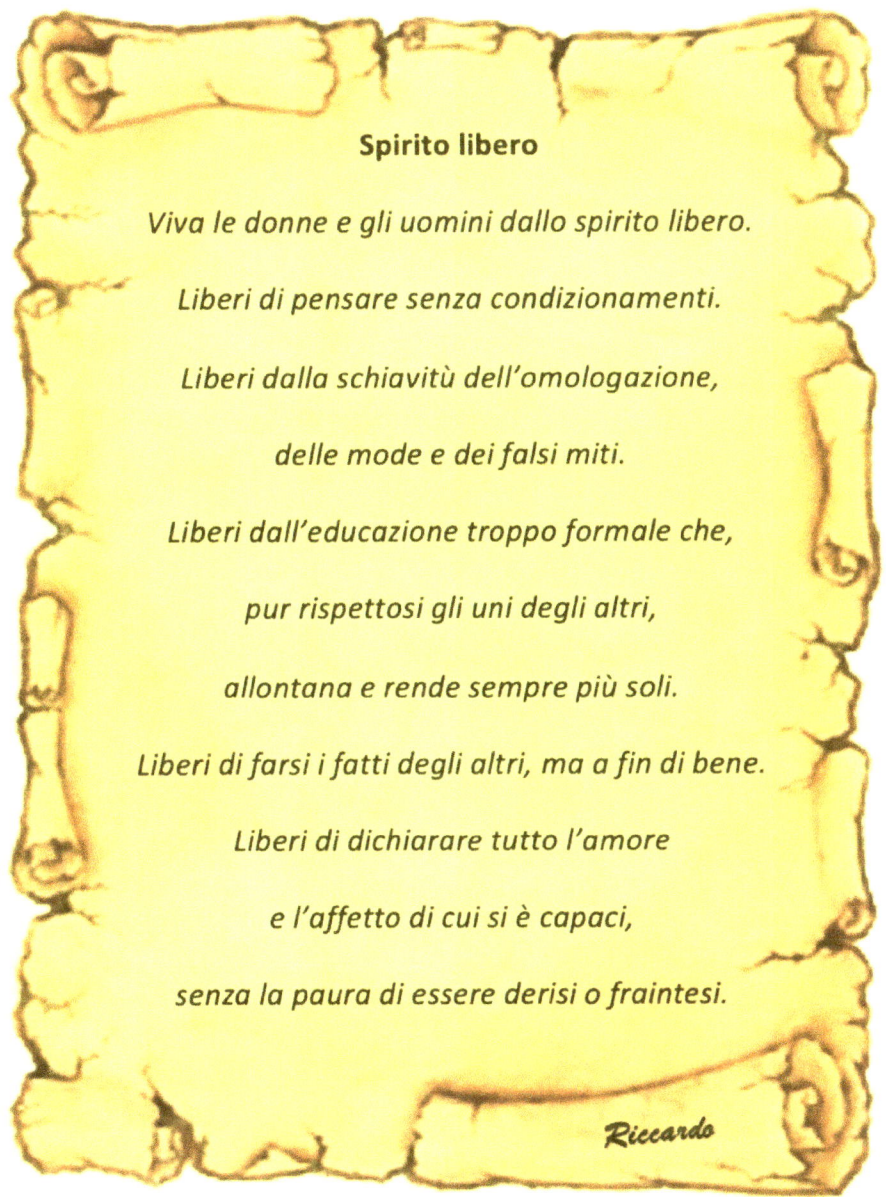

Spirito libero

Viva le donne e gli uomini dallo spirito libero.

Liberi di pensare senza condizionamenti.

Liberi dalla schiavitù dell'omologazione,

delle mode e dei falsi miti.

Liberi dall'educazione troppo formale che,

pur rispettosi gli uni degli altri,

allontana e rende sempre più soli.

Liberi di farsi i fatti degli altri, ma a fin di bene.

Liberi di dichiarare tutto l'amore

e l'affetto di cui si è capaci,

senza la paura di essere derisi o fraintesi.

Riccardo

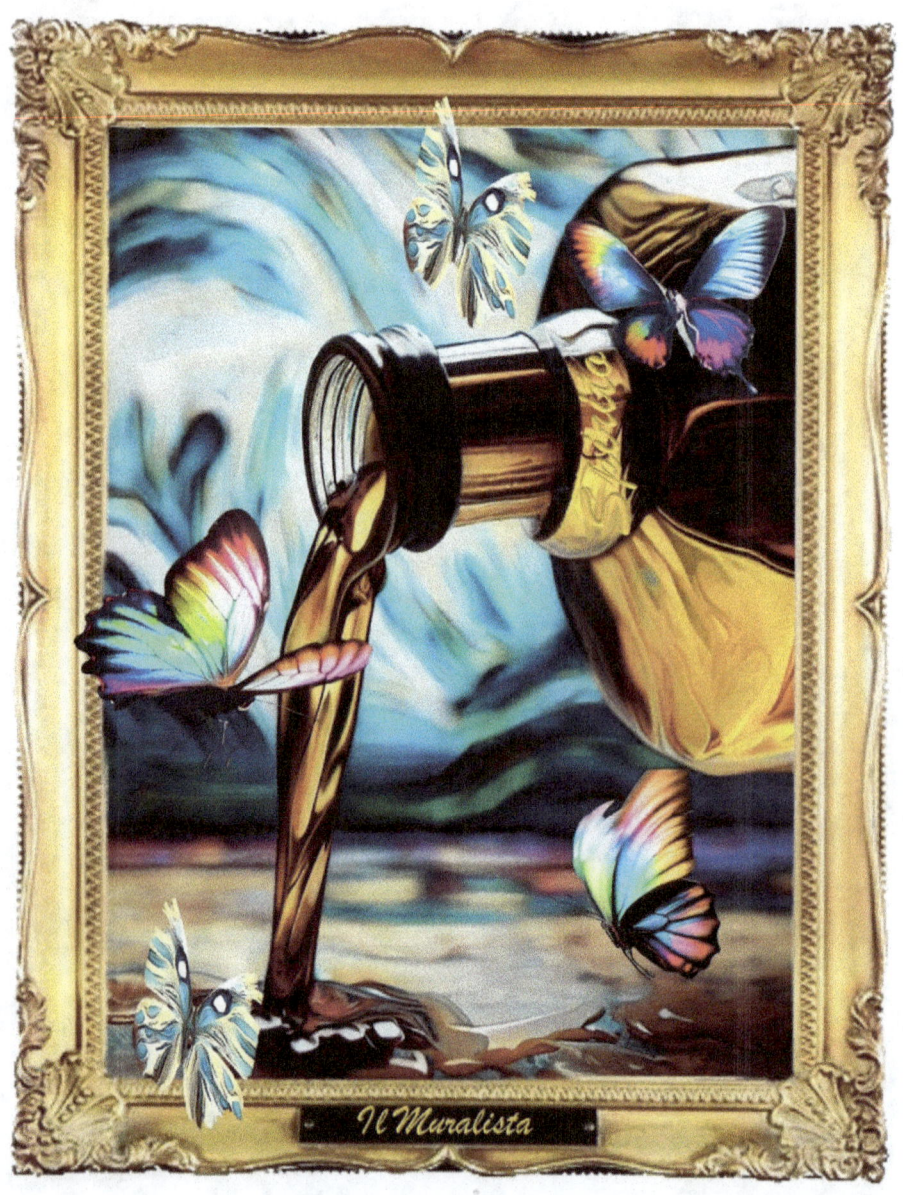

Il Muralista

Siamo spesso inclini a criticare le idee altrui senza alcun rispetto, indottrinati da false verità, miti distorti e da un desiderio di uniformarci a routine e comportamenti che mortificano il valore derivante dalla diversità. Tutto quello che è diverso da noi ci turba ed è un peccato.

L'ultima poesia è del secondo classificato. Poeta particolarmente ironico e molto interessante. La poesia è stata scritta dopo la sua partenza dal paese natio. All'inizio è stata dura. Sentiva la mancanza della famiglia e degli amici, ma anche dei luoghi e dei profumi che si respiravano. In quella fase iniziale ha sperimentato il sapore di una solitudine che non conosceva.

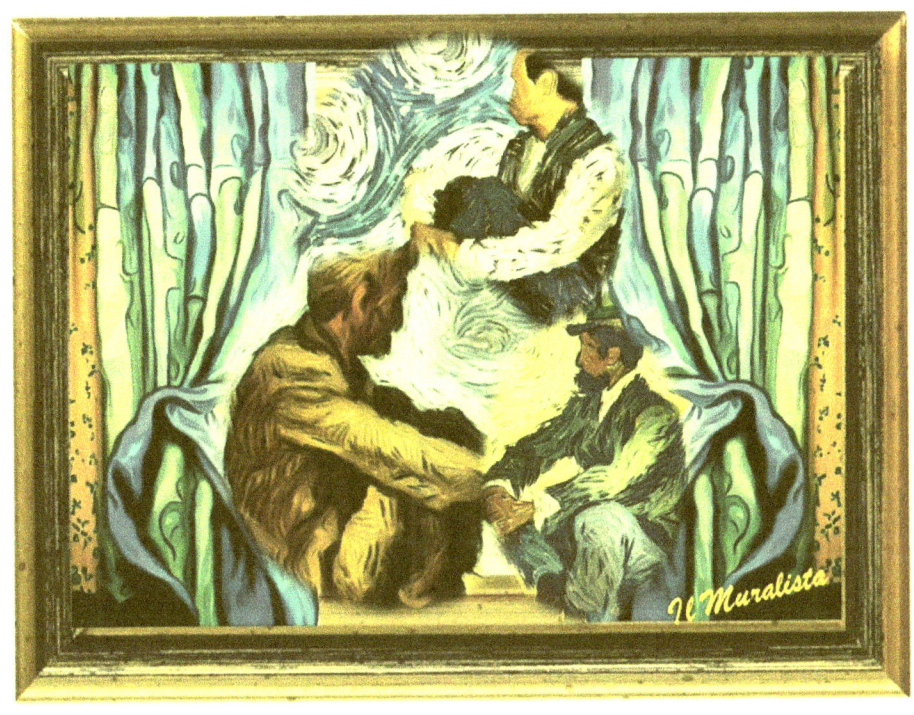

SOLITUDINE

Noi, solo adesso abbiamo scoperto

cosa significa stare reclusi.

Loro ci sono da sempre, chiuse in casa da sole.

Ma non per libera scelta, qualcun altro ha voluto così.

Alcune hanno il conforto della TV, altre nemmeno quello.

Passando in alcune vie della città,

se alzi gli occhi al cielo le vedi.

Chiuse in sé stesse, spiano dai balconi

e dalle finestre la vita fuori.

Nessuno ci fa caso, nessuno se ne interessa,

anche se tutti sanno che la loro esistenza è appesa a un filo.

Ma loro non si lamentano, chiedono poco.

Fiduciose, ogni giorno attendono

una mano gentile che le apra.

Così che possano anche loro, le tende, ogni tanto riposare.

Riccardo

La poesia vuole, difatti, attirare l'attenzione sul fenomeno della solitudine che affligge molte, troppe persone. Reclusi in casa, l'abbiamo sperimentata anche noi durante il periodo del covid.

Si è soli soprattutto nelle grandi città, dove si ha l'illusione di stare in compagnia perché si sta in mezzo a una moltitudine di persone e, invece, sono troppi quelli che vivono soli. Na-turalmente, è importante distinguere tra la solitudine scelta e quella non scelta. Si può decidere di staccare e dedicarsi un momento di riflessione e auto esplorazione, in cui una persona cerca volontariamente un periodo di tempo da trascorrere da con sé stesso.

La solitudine non scelta è un'esperienza dolorosa e debilitante. La persona che la subisce si sente isolata e priva di connessione sociale.

La poesia è un'ironica metafora che sfrutta il gioco di parole delle "tende da sole" e fa sorridere, ma il contenuto poi, in contrasto con l'idea della burla, lascia l'amaro in bocca e un sentimento nostalgico e triste.
Nel dipinto del Muralista ci sono appunto le tende e delle persone sole.

L'ultima opera è la rappresentazione di una battuta di Luigi che invita gli spettatori ad alzarsi in piedi ed applaudire gli autori delle poesie, tributando loro una "standing ovation".

Naturalmente, il dipinto è una ridicola metafora che sfrutta l'assonanza della pronuncia di "standing ovation" con stendere le uova.

Certamente non una delle migliori battute di Luigi, ma al Muralista è piaciuta e l'ha voluta immortalare come tributo a favore delle poesie.

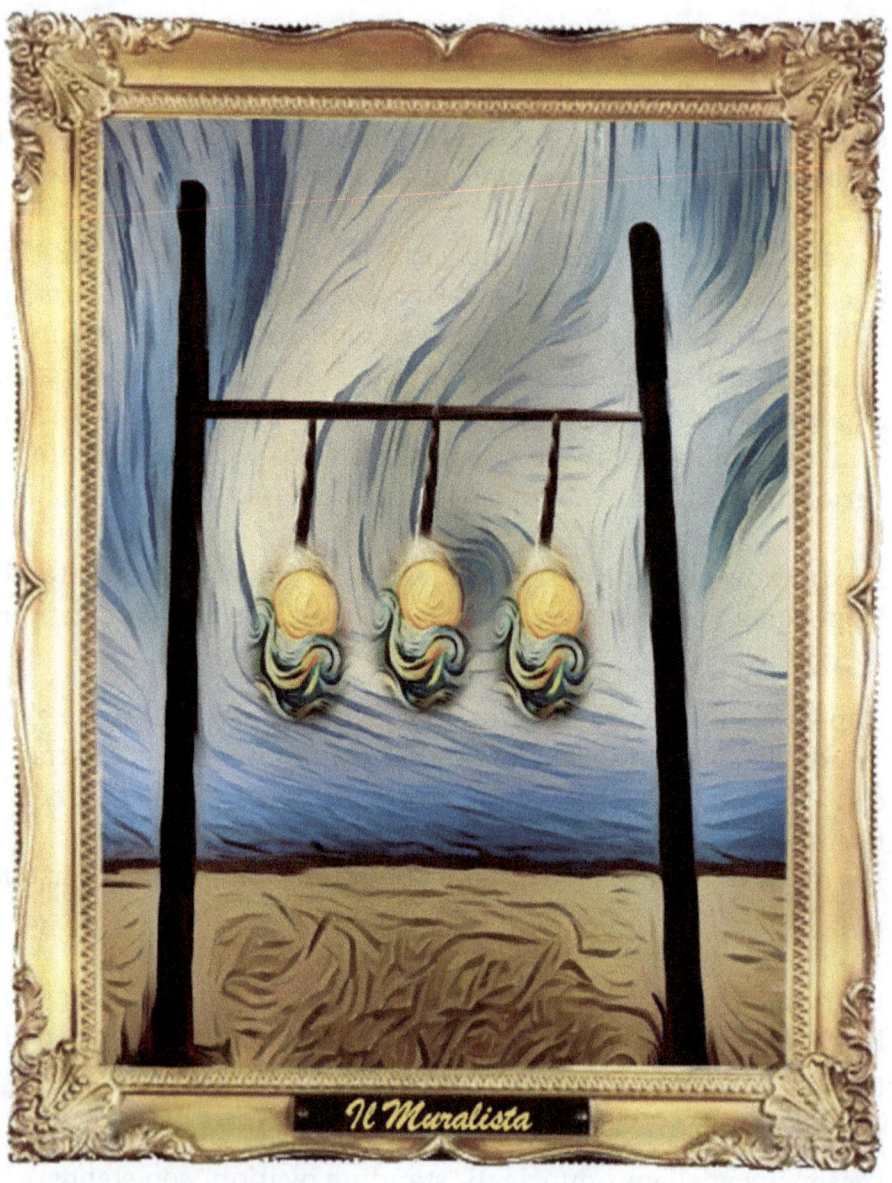

Il Muralista

7

"La verità è che tutti ti feriranno;
tu devi solo trovare quelli per cui vale la pena soffrire."
Bob Marley

L'indomani è il giorno dell'esame di Diritto Privato e gli studenti sono preoccupati, per non dire in ansia. L'esame è diffici-le, è risaputo, e lo è in tutte le facoltà di Giurisprudenza. Ma in quella frequentata da Riccardo e Maria è peggio a causa di un docente "stronzo", così viene definito dalla maggior parte degli studenti che frequenta il suo corso.

Per trovare una soluzione è stata organizzata una riunione. L'obiettivo è quello di costringere il docente a comportarsi in maniera più rispettosa con i suoi studenti, soprattutto in sede di esame.

Purtroppo, sembra che lui provi piacere a metterli in difficoltà. Lo fa nelle ore di lezione e si esalta durante gli esami.

A lezione fa domande a bruciapelo e, senza manco dare il tempo di riflettere, offende e ridicolizza il malcapitato, raramente si rivolge alle ragazze. Se la prende soprattutto con quelli che non hanno comprato il suo libro, perché lui pretende che tutti gli studenti debbano comprarlo e farselo firmare da lui, così che possa ricordare chi lo ha acquistato e chi no.

Se non hai comprato il libro, quando ti presenterai all'esame la possibilità di passarlo è molto scarsa.

Però non è solo questo, evidentemente è una persona malata. Ce l'ha con il mondo e dispensa cattiverie gratuite, soprattutto ai danni di chi non può difendersi. Sarà perché ha fallito nella sua vita?

Per il suo brutto carattere, la moglie e la figlia lo hanno abbandonato e si sono trasferiti in una piccola cittadina della Sicilia, dove hanno iniziato una nuova vita. La moglie, pur di lasciarlo, ha rinunciato anche alla casa di comproprietà e la scelta di andare a vivere al Sud l'ha particolarmente soddisfatta, sia per mettere più distanza tra di loro e sia perché lui detesta i meridionali, mentre lei li adora, il suo papà era di origine siciliane.

Gli studenti del collettivo hanno concordato che la migliore soluzione per contrastare il cattivo comportamento del docente fosse quella di presidiare l'aula, fino a che non si fosse abituato a comportamenti più rispettosi. Così si concorda che un gruppo di studenti del quarto anno, che il professore conosce bene, assisterà agli esami.

La mattina successiva il muro dietro la cattedra, nell'aula dove il docente tiene le lezioni, è stato così affrescato.

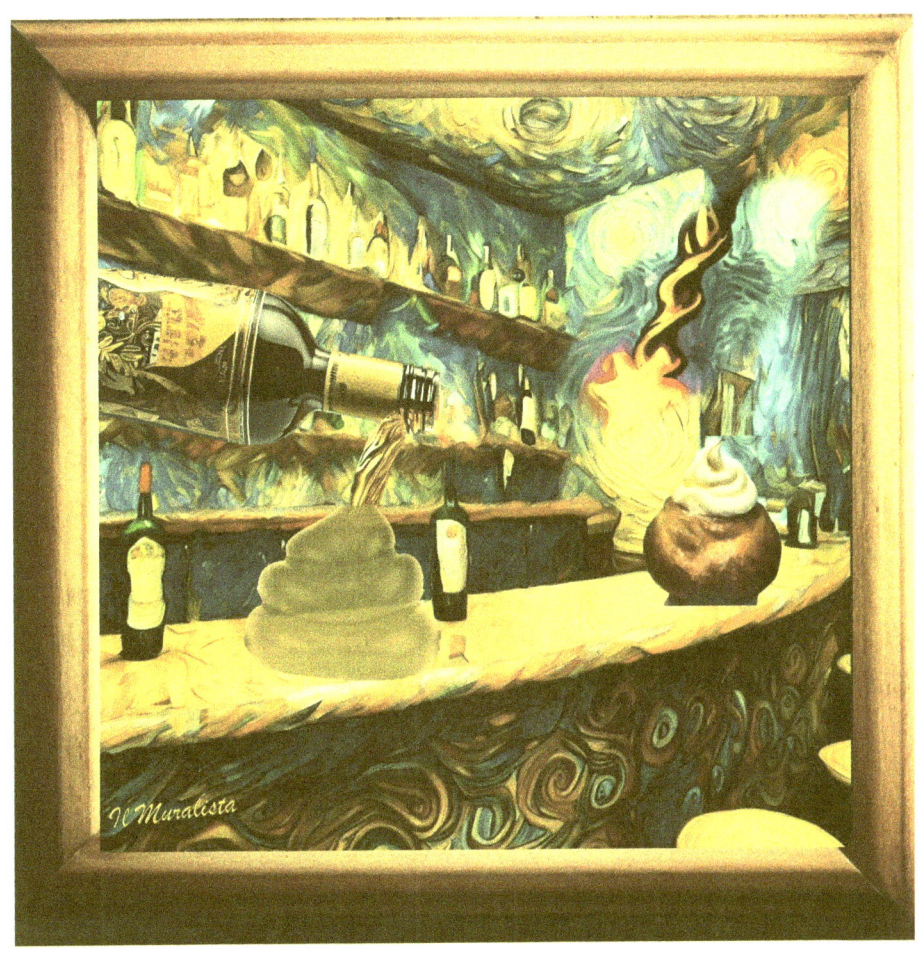

Quando gli studenti si sono trovati davanti questo murale sono rimasti interdetti, non capivano. A interpretarlo e spiegarlo ci ha pensato Luigi.

Il murale è la rappresentazione di un detto popolare napoletano: *"È inutile ca 'o bagni co 'u rhum, nu strunz nun pò addiventà nu babà."*

Una magia che non è possibile fare. Uno stronzo non può diventare un babà, anche se lo bagni con il rhum. Ognuno è quello che è, il cambiamento è possibile ma non è facile.

L'immagine e il significato del murale sono stati divulgati sui social ed è stato subito un successo. Sul giornale locale in terza pagina la foto del murale con il titolo: "Il Muralista colpisce ancora."

Naturalmente, il Professore ha potuto assumere per lungo tempo un simile comportamento perché lui è amico del Preside della facoltà, cioè di chi avrebbe dovuto vigilare.

Fra l'altro, proprio quel giorno, dopo l'ennesimo rifiuto di incontrare i rappresentanti del collettivo per altri problemi, gli studenti hanno protestato contro il Preside della facoltà.

Per agli studenti, ma anche per diversi docenti, il Preside è un inetto. L'incarico l'ha ottenuto grazie alle amicizie politiche e lo ha ricoperto, vanitoso, solo per il prestigio di essere chiamato Preside. Ricco di famiglia, non ha mai avuto bisogno di lavorare e nell'esercizio del ruolo ha sempre demandato tutto ai suoi collaboratori. Va in facoltà ogni tanto, giusto per firmare qualche documento, mettersi in mostra e prendere il caffè, che la segretaria deve prepararglii con la sua moca personale. Se lo chiami al telefono non risponde e l'unico modo per potergli parlare è di appostarsi davanti al suo ufficio e sperare che arrivi.

Fra i professori si sono create due correnti. Quelli che hanno voglia di lavorare lo detestano, ritenendolo un incompetente e uno sfaticato. Quelli che come lui non vogliono problemi e fare solo il minimo indispensabile per garantirsi uno stipendio e potersi dedicare tranquillamente alla libera professione non si lamentano, perché lui non chiede conto a nessuno del proprio operato. Ognuno può fare quello che vuole, l'importante è che non gli crei problemi.

Il giorno dopo la protesta, affianco al primo murale ne appare un secondo.

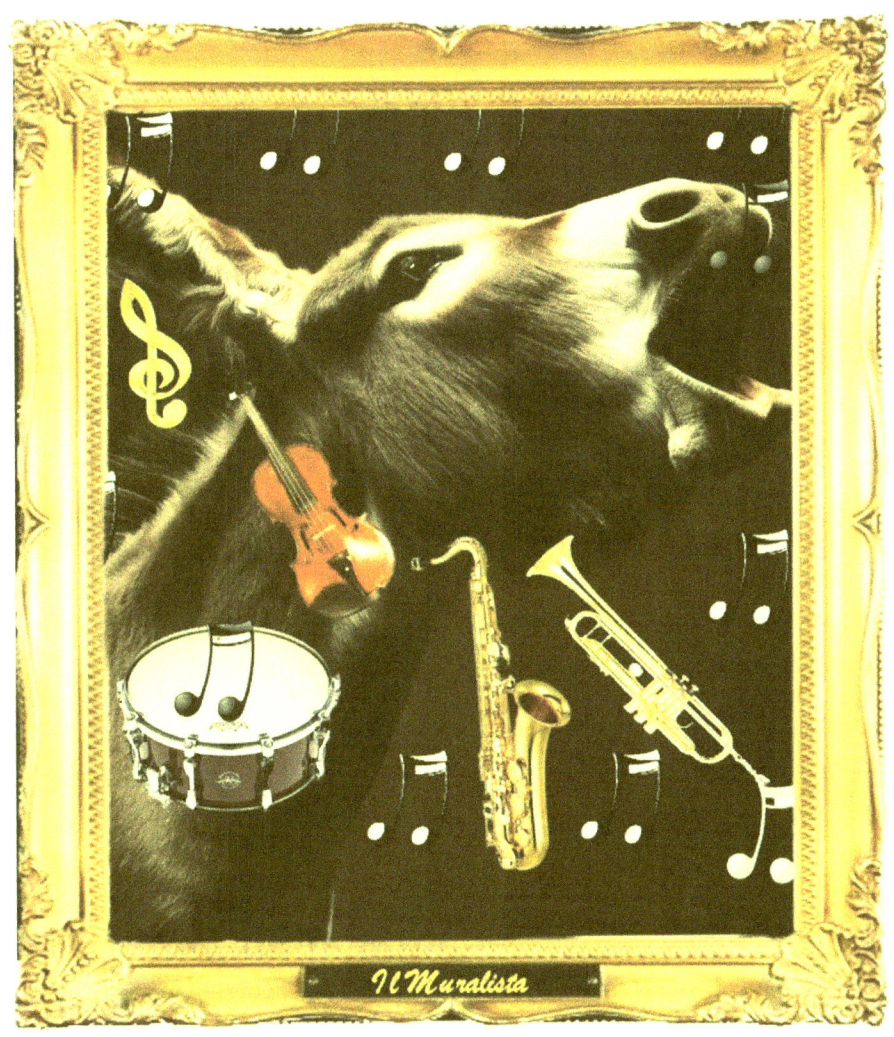

A prima vista nemmeno questo murale era stato compreso. Ma poi Riccardo si ricorda di un detto dialettale e ne viene a capo. Quando lo spiega agli altri componenti del collettivo ne restano tutti entusiasti. Il detto è "'*U ciucciu 'ntra musica*". Un modo di dire che prende spunto dal fatto che è risaputo che l'asino non sa cantare, né tantomeno suonare. Per cui, con la musica non c'entra proprio nulla. Un altro detto simile è "*il cavolo a merenda*".

Ovviamente, il detto è rivolto a chi sta nel posto sbagliato, chi stona con il contesto in cui si trova. Insomma, uno che sta fuori luogo o fuori posto in un determinato momento. Il detto è molto usato in politica e negli ambienti di lavoro. Viene di solito indirizzato a chi ricopre una carica ma non ne è all'altezza. Il murale lo interpreta perfettamente ed è stato realizzato come ironica metafora nei confronti del Preside della facoltà.

Dopo pochi giorni anche questo murale, con un commento che ne spiega il significato, è finito sui social e anche a questo è stato tributato un grande successo. In poche ore sono arrivati migliaia di mi piace e commenti che ne hanno fatto uno dei post più cliccati.

La settimana successiva il murale è finito su un giornale a tiratura Nazionale. Qualche giorno dopo la pubblicazione dell'articolo è stata indetta una riunione straordinaria del Consiglio di Amministrazione dell'Università, nella quale si è deciso di avviare un'indagine nella facoltà di Giurisprudenza.

Dopo pochi mesi, a conclusione della stessa, il Preside e il Professore sono stati rimossi dal loro incarico.

I murales ancora una volta sono i protagonisti della protesta.

8

"È dall'ironia che comincia la libertà."
Victor Hugo

L'iniziativa dell'Università riguardo al concorso dei murales è molto piaciuta e viene replicata da un paesino vicino alla sede universitaria. È un piccolo borgo che ha alcune vie del centro storico che si prestano molto bene ad essere affrescate.

Il concorso, pubblicato sul giornale locale e nelle bacheche delle facoltà dell'Università, prevede un premio in danaro ai primi tre classificati e un cachet a tutti i partecipanti a titolo di rimborso spese e retribuzione delle ore di lavoro stimate forfettariamente.

La selezione dei partecipanti al concorso sarà effettuata in base alle bozze delle opere che saranno presentate e quelle scelte saranno poi realizzate sui muri delle vie del paese.

Il Sindaco vuole dare un tocco artistico ad alcune vie del centro storico, con l'intento di promuovere il borgo e attrarre visitatori, che fa sempre bene all'economia. Il paese vive di agricoltura e artigianato. Lo scopo è, appunto, quello di far conoscere i prodotti della terra, vino in particolare, e i manufatti di un artigianato locale che ha grandi potenzialità.

Il tema del concorso è libero ma, come scritto nelle indicazioni, saranno particolarmente apprezzati i murales che rappresentino detti e proverbi popolari, che siano ironici e divertenti, ma anche quelli che trattano argomenti impegnati e attuali.

Perché nel paese si vuole riportare a vivere quella sensazione di una volta, quando le vie erano popolate, allegre e piene di vita.

Subito dopo la scadenza dell'invio delle opere, la commissione incaricata ha iniziato la fase di valutazione che si è conclusa nel fine settimana. Il giorno dopo viene comunicato l'elenco dei candidati selezionati e fra le opere ammesse ce ne sono cinque del Muralista che anche in questo paesino è conosciuto.

Le opere sono realizzate nelle settimane successive.
Il Muralista, come al suo solito, le realizza di notte senza essere visto da nessuno.

Quando si diffonde la notizia, accorrono numerosissimi visitatori anche dai paesi vicini e molti studenti universitari.

Naturalmente, anche il Professor Capacchione viene a visitare le vie dei murales e si sofferma soprattutto sulle opere del Muralista. Fra l'altro, prima di effettuare la visita, il Professore aveva visto le bozze ed aveva intervistato telefonicamente il Muralista che gli aveva spiegato il significato delle stesse.

La settimana successiva esce un articolo del Professore sulla rivista Artetica che riportiamo integralmente.
«Il concorso "Le vie dei murales" promosso dal sindaco di Solaria è stato un successo, soprattutto di pubblico, e le vie dei murales adesso sono bellissime. L'intelligente iniziativa ha centrato l'obiettivo. Non si erano mai viste in paese tante persone. Il concorso è stato vinto indovinate da chi? Dal Muralista, naturalmente.

Questa volta, però, siamo riusciti a fargli avere il premio. Abbiamo potuto garantire della sua identità. Quando il Muralista ha spedito le bozze ne ha inviato una copia anche alla nostra redazione.
Io, prima che aprissero le buste ho mostrato al presidente della commissione le bozze inviatemi e le abbiamo confrontate con quelle contenute nella busta firmata dal Muralista. Così abbiamo potuto organizzare una modalità di consegna del premio garantendo la sua anonimità.

Le opere realizzate dal Muralista sono cinque.

Il titolo del primo murale è "Carceri".

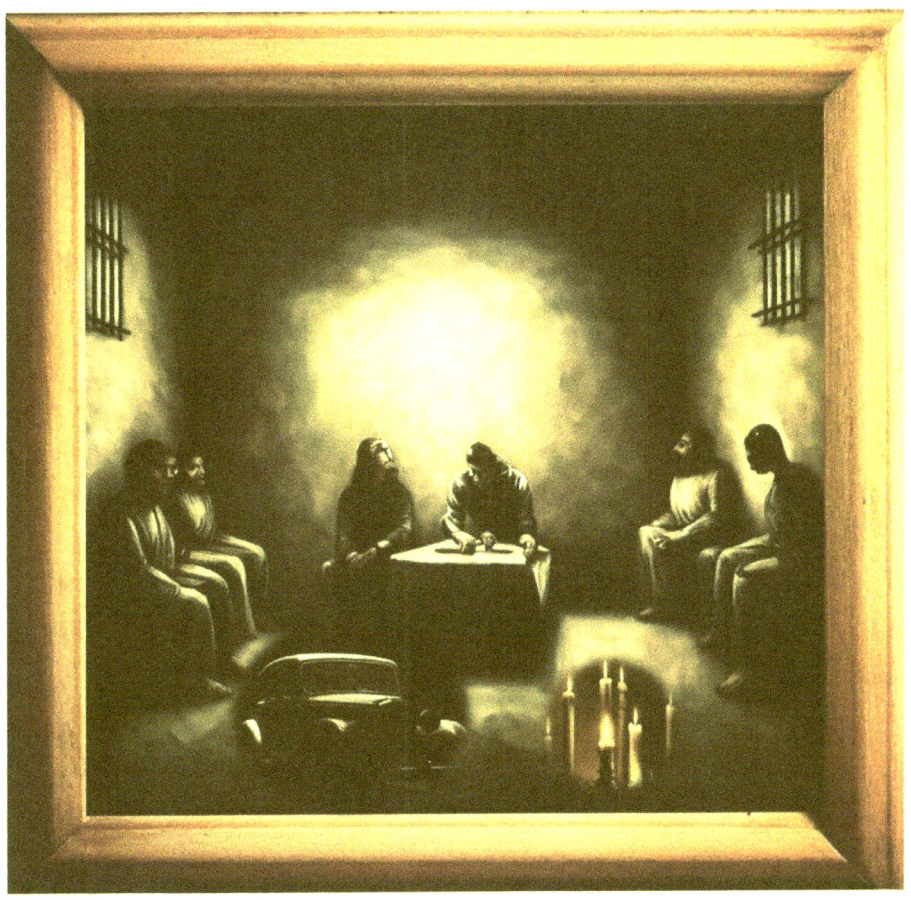

Il titolo trae spunto da un gioco di parole. In primo piano un'auto, in inglese "car", e dei ceri, per cui: "car" "ceri".

Lo sfondo è una cella scura piena di carcerati. La scelta dei colori identifica la situazione delle carceri, è risaputo che siano spesso fatiscenti, sovraffollati, con celle umide e fredde. I detenuti sono rappresentati come ombre, esseri umani che perdono la loro identità. Però, i ceri sono accesi, c'è una flebile luce, c'è una speranza.

L'istituto ha una funzione punitiva, privare della libertà il soggetto che ha violato le leggi delle convenzioni sociali, e una funzione educativa, secondo il principio di umanità della pena.

Ma la situazione di molte carceri in Italia è drammatica e viola apertamente il principio di umanità. Il segnale ce lo dà il numero di suicidi, l'anno scorso in cinquantaquattro si sono tolti la vita. A fronte di cinquantaquattromila detenuti, uno su mille della popolazione carceraria si è tolto la vita. In tutta Italia i suicidi sono quasi quattromila l'anno, tanti, troppi, ma al confronto sono solo uno ogni sedicimila.

Mentre il principio di educazione è alquanto disilluso. Il termine viene dal latino, educare, educere, cioè trarre fuori. Anche in questo specifico caso lo scopo dovrebbe essere quello di tirar fuori il meglio da una persona. Invece in carcere succede il contrario e troppo spesso ne escono peggio di come sono entrati.

Molti giovani e meno giovani carcerati che hanno commesso reati non gravi, sono istruiti dai più esperti ad intraprendere una nuova carriera diventando pregiudicati di fatto. Tant'è che le carceri sono paragonate alle Università, in questo caso del crimine.

La loro funzione dovrebbe essere quella di far pentire e redimere gli ospiti, magari attraverso attività culturali che ne possano migliorare le conoscenze e arricchirne la personalità, e attività formative per l'avviamento a un futuro lavoro onesto, convincendoli, così, a percorrere strade diverse e molto più gratificanti e meno pericolose di quelle del crimine.

Inoltre, come ha scritto in un suo articolo Peppe Rizzo, non mio cognato, ma il giornalista, "il problema è che nonostante i pochi tentativi per evitarlo, insieme ai detenuti finiscono in carcere anche le loro famiglie che, nonostante non abbiano commesso alcun reato, pagano sulla propria pelle l'isolamento, il giudizio sociale e il dolore causato da ogni detenzione.".

Per fortuna c'è una presa di coscienza delle Istituzioni e della società e si è cominciato a fare qualcosa per rendere più umana la detenzione.

Il Muralista non perde occasioni per lanciare messaggi, denunciare, e per rimanere nel tema del concorso s'è aggrappato al gioco di parole con l'auto e i ceri. Lui è convinto che con il gioco e l'ironia la comunicazione possa essere molto più efficace e ha ragione.

Nel secondo quadro il gioco di parole è ancora più ardito. Qui l'autore rappresenta con gioia un atto sportivo. Il Muralista non tratta solo problematiche sociali, gli piace esprimersi i vari ambiti perché, in fondo, la sua principale passione è l'arte.

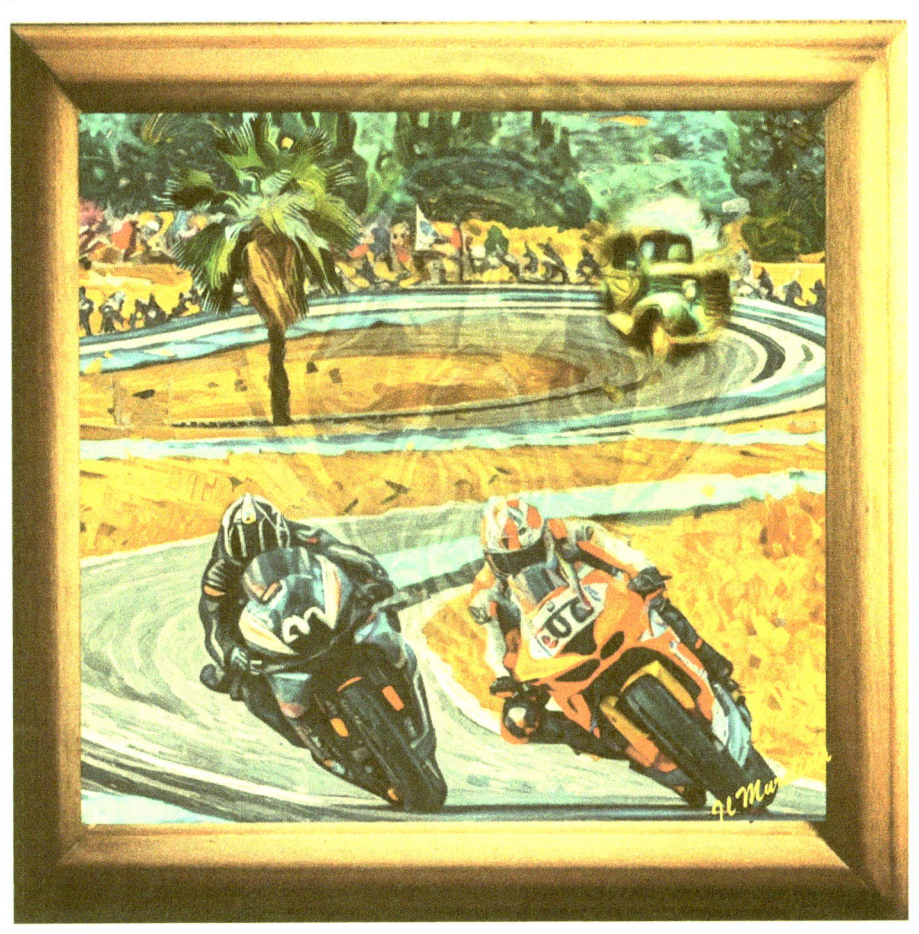

La pittura si occupa di tutto, temi impegnati e leggeri, visioni e paesaggi, esseri viventi e cose reali o astratte, ma diventa opera d'arte quando comunica e suscita emozioni.

Il quadro, di non facile interpretazione, merita una spiega-zione. Nel murale ci sono due motociclette in fase di sorpasso, in alto a destra un'auto, in inglese car, al centro in trasparenza Dio e a sinistra una palma. Per cui, sorpasso-car-Dio-palma. Il titolo del murale è appunto "Sorpasso al cardiopalma." Il dipinto fotografa un audace atto sportivo che tanto piace agli appassionati. Due moto che si piegano al limite. Una tenta il sorpasso, l'altra lotta per difendere la posizione. Una gara sportiva leale, fondata sull'abilità dei piloti e sulla potenza delle motociclette. Dio che guarda la gara sta a significare che questo sport è irresistibile.

Un proverbio diffuso soprattutto nel Sud Italia, "Panza chjina canta e no cammisa nova", dà il titolo al terzo murale che tradotto "Pancia piena fa cantare e non camicia nuova".

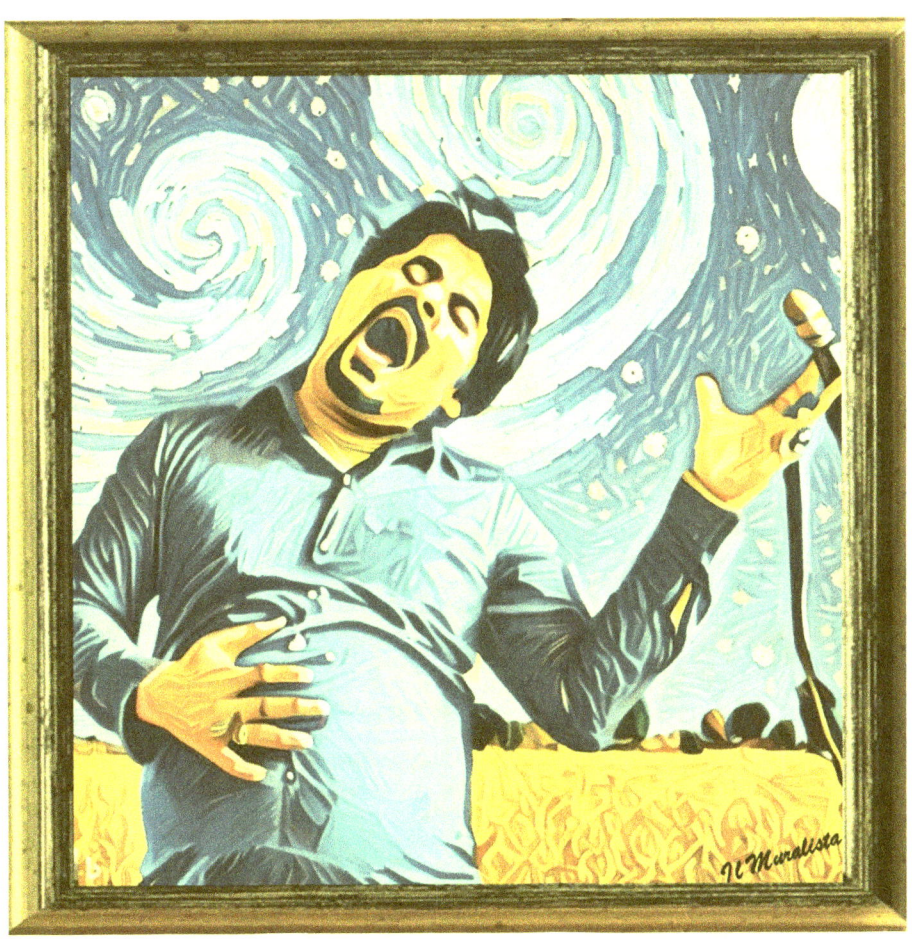

Il dipinto è godibile e raffigura molto bene il proverbio che ha un significato molto più profondo di quello che a prima vista potrebbe sembrare. Spesso diamo troppa importanza a cose superflue e molto meno a quelle essenziali. L'importanza del cibo la capisce solo chi ha fame. Nella società dell'opulenza non gli diamo alcuna importanza e ce ne accorgiamo solo quando ci sono eventi catastrofici.

La guerra tra la Russia e l'Ucraina ha prodotto una carenza di grano, di semi di girasole e mais. Oltre che all'aumento dei prezzi, il rischio di carenza di farina e di conseguenza pane, pasta e tutti i loro derivati è stata molto seria.

Purtroppo l'Europa ha trascurato l'agricoltura e adesso rischia di pagarne le conseguenze. Le aziende agricole hanno un red-dito basso e un alto rischio a causa delle troppe variabili che ne possono compromettere il risultato. Mentre, giusto per fare un esempio, un solo calciatore guadagna milioni di Euro, molti di più di quanti ne potrebbe guadagnare un'azienda agricola con diverse centinaia di dipendenti.

Il quarto murale è un'altra denuncia.

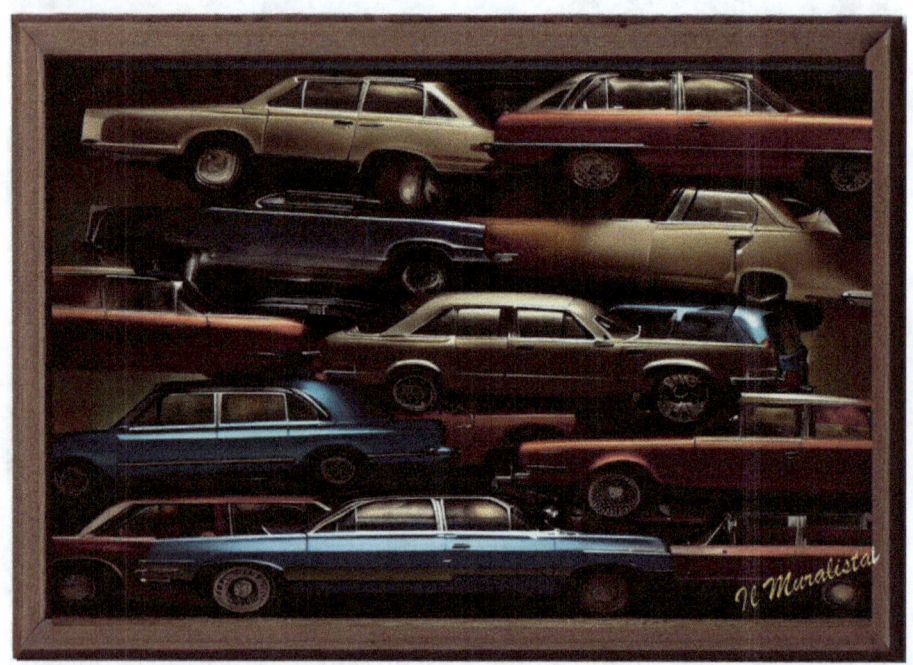

Sfruttando sempre il gioco di parole, l'autore crea una metafora che ci riporta alla caduta del muro di Berlino. Il titolo del murale è: "Il muro di berline."
Il quadro prende spunto dall'assonanza tra le parole "Berlino" e "berlina". Naturalmente, la prima indica la città di Berlino e la seconda le auto modello berlina.

Il muro di Berlino, simbolo concreto della cosiddetta "cortina di ferro", divideva in due la città. Di giurisdizione della Germania dell'Est, fu innalzato nel 1961 per impedire la libera circolazione delle persone verso la Germania dell'Ovest.

Il muro, un errore anzi un orrore, fu abbattuto nel 1989 dopo ventotto anni.
Quello fu un giorno di festa grande, non solo per Berlino e la Germania, ma per tutta l'umanità.

Con la caduta di quel muro ci eravamo illusi che fosse iniziata una nuova era ma, purtroppo, ci siamo dovuti ricredere. Dopo pochi anni altri ne sono stati alzati e non sono diminuite le di-visioni e le conflittualità.

Nel quadro ci sono tante auto, una sopra l'altra, a formare un vero e proprio muro, metafora di denuncia che di muri ce ne sono ancora tanti e la voglia di abbatterli? Purtroppo poca, mentre aumenta quella di alzarne di nuovi.

Il penultimo murale è dedicato alla classe politica.

Il titolo del murale è: "La politica del consenso."

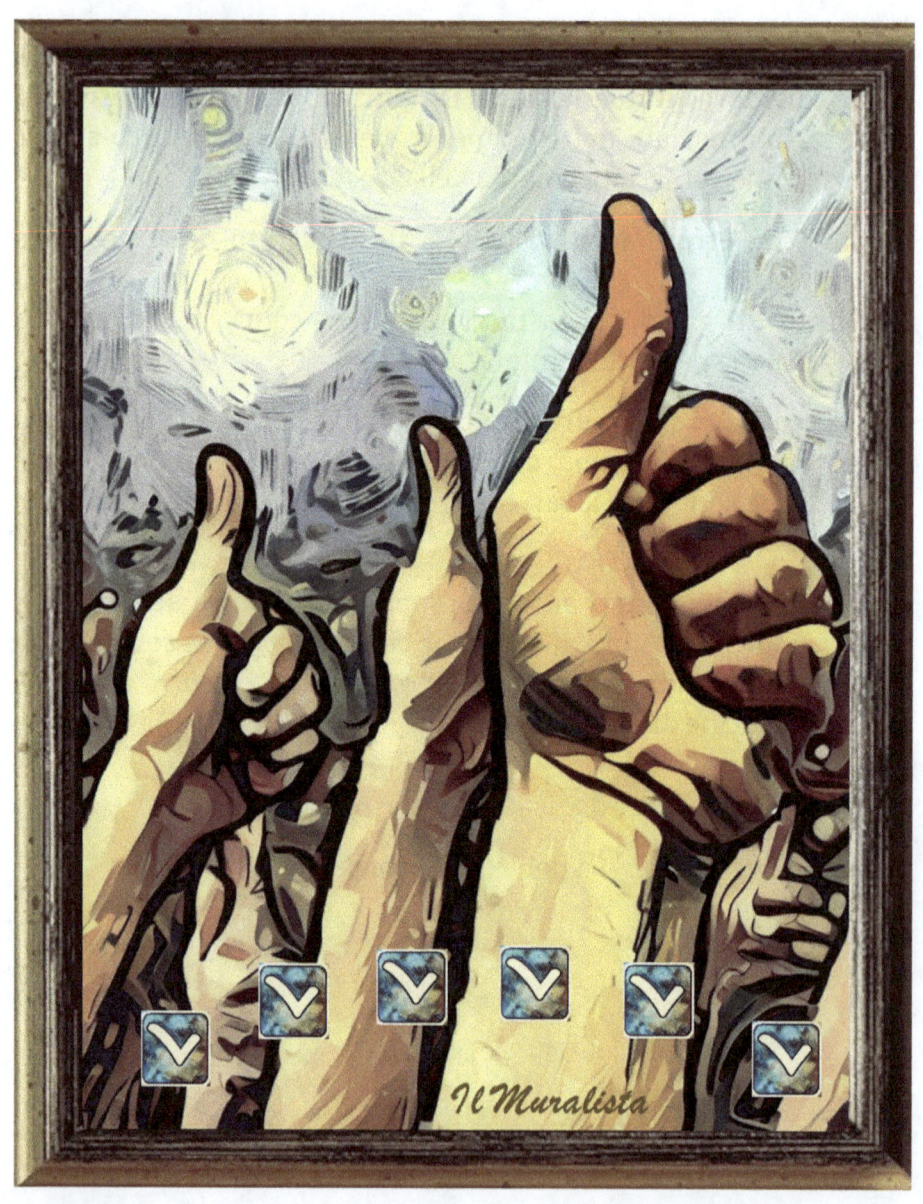

L'opera è un grido d'allarme che vuole attirare l'attenzione dell'opinione pubblica sull'attuale situazione politica italiana e, soprattutto, sull'inadeguatezza della classe politica, fatte salve alcune eccezioni.

La classe politica del passato l'abbiamo bistrattata, soprattutto per la dilagante corruzione, il clientelismo e l'asservimento ai poteri forti, ma abbiamo dimenticato che c'erano anche delle positività.

I politici di una volta frequentavano le palestre dei partiti. Spesso iniziavano da giovanissimi e facevano molta gavetta prima di arrivare a ricoprire incarichi di rilievo, eccezion fatta per alcuni illustri raccomandati. Le esperienze e la carriera politica la facevano all'interno del partito e, nonostante le rac-comandazioni che falsavano il percorso di alcuni, per gli altri la legittimazione arrivava principalmente dal basso.

I partiti avevano una propria identità, un chiaro riconoscimento ideologico e ogni elettore, in base alla propria inclinazione, poteva scegliere quello che più si avvicinava alle proprie idee e ai propri interessi. Nei laboratori politici si discuteva e ci si azzuffava, ma si elaboravano anche idee che avrebbero fatto bene al paese e alcune decisioni, oltre che per gli interessi del partito, venivano prese per il bene comune e a volte anche senza il consenso del popolo. Poi, la storia avrebbe dato ragione a chi di quelle decisioni se ne fosse assunto la responsabilità.

Da quella eredità ci si aspettava un'evoluzione, una matu-razione e una crescita.
Si sperava in una classe politica più corretta, onesta, indipendente dalle lobby economiche e ancora più competente, che avrebbe preso le distanze dagli egoismi di partito, dalle conflittualità inutili delle correnti, dall'opposizione a prescindere, dall'insaziabile sete di protagonismo e dalle vergognose stra-tegie delle imboscate tese a far sbagliare gli avversari, con il solo risultato di mortificare le aspirazioni e le speranze di un intero paese.

Purtroppo, invece di crescere, la classe politica è regredita. Non è migliorata sotto il profilo etico ed è peggiorata per competenza e capacità progettuale a lungo termine.

I partiti non esistono più, gli elettori hanno perso i riferimenti ideologici e molti non vanno più a votare. Dal laboratorio politico del partito si è passati al culto della persona. Sono i singoli individui che, illuminati, dovrebbero progettare, programmare e realizzare la crescita del paese.

Ma, purtroppo, non avendo un riferimento ideologico come linea guida, il politico di oggi vive con l'ossessione del consenso popolare che poi, tradotto, significa quanti voti otterrà. Per cui, il suo principale obiettivo non sarà quello di impegnarsi ad elaborare idee e progetti ma, piuttosto, di limitarsi a propagandare quello che la maggior parte delle persone vuole sentirsi dire. E lo sappiamo che il popolo reclama solo e sempre i propri meschini quotidiani interessi che, anche se apparentemente e immediatamente corretti, spesso non lo sono a lungo termine e non lo sono per il progresso del paese. Anche i bambini chiedono alla mamma continuamente brioscine, merendine e cioccolata. Ma la buona mamma sapendo che non fanno bene gliene darà una quantità limitata e li guiderà verso una corretta alimentazione, affinché possano crescere più sani.

Il progresso di un paese si realizza quando il popolo avrà maturato il senso di appartenenza, quando avrà raggiunto un alto grado di civiltà e quando il suo principale obiettivo sarà il miglioramento della qualità della vita in tutte le classi sociali tenendo conto, naturalmente, del contesto storico ed economico del territorio in cui si vive.

I traguardi più ambiziosi, però, potranno essere raggiunti solo da politici visionari che, contro tutto e contro tutti, lotteranno per portare avanti le idee in cui credono. Idee che magari in quel momento ai più potrebbero sembrare stravaganti o sbagliate, ma che poi si riveleranno corrette e faranno bene al paese, a prescindere da chi quelle idee le abbia elaborate.

Tutti auspichiamo che a rappresentarci ci sia una classe politica preparata e matura, ma è una cosa possibile?

Sarebbe possibile se il popolo avesse sviluppato il senso civico, l'attaccamento al paese e la partecipazione attiva e disinteressata alla vita politica. Difatti, la classe politica è l'espressione del popolo e ogni paese ha quella che si merita.

Il segno che i tempi sono cambiati potrebbe per esempio arrivare quando al Parlamento ci saranno, per definizione, i partiti di governo e i "partiti di collaborazione" e non, come oggi si auto definiscono e li consideriamo "partiti di opposizio-ne". Una classe politica progressista dovrebbe lavorare unita e con un solo obiettivo: il progresso del paese, per fare stare meglio tutti. È incomprensibile e vergognoso che si debba dire sempre no e gufare perché gli avversari sbaglino quando, invece, dovremmo essere felici se il governo di turno facesse cose buone per il paese.

La "politica del consenso" Il Muralista l'ha ben rappresentata nella sua opera. Una folla che inneggia al predicatore di turno. Braccia alzate con il pollice in alto per dire ok, siamo d'accordo, siamo con te.
Tanti quadratini con la spunta, simili a quelli del "presto consenso" sui fogli che in diverse occasioni spuntiamo e poi firmiamo senza manco leggere.

L'ultimo murale vuole lasciare un messaggio di speranza: "la vita è bella, sempre e comunque."

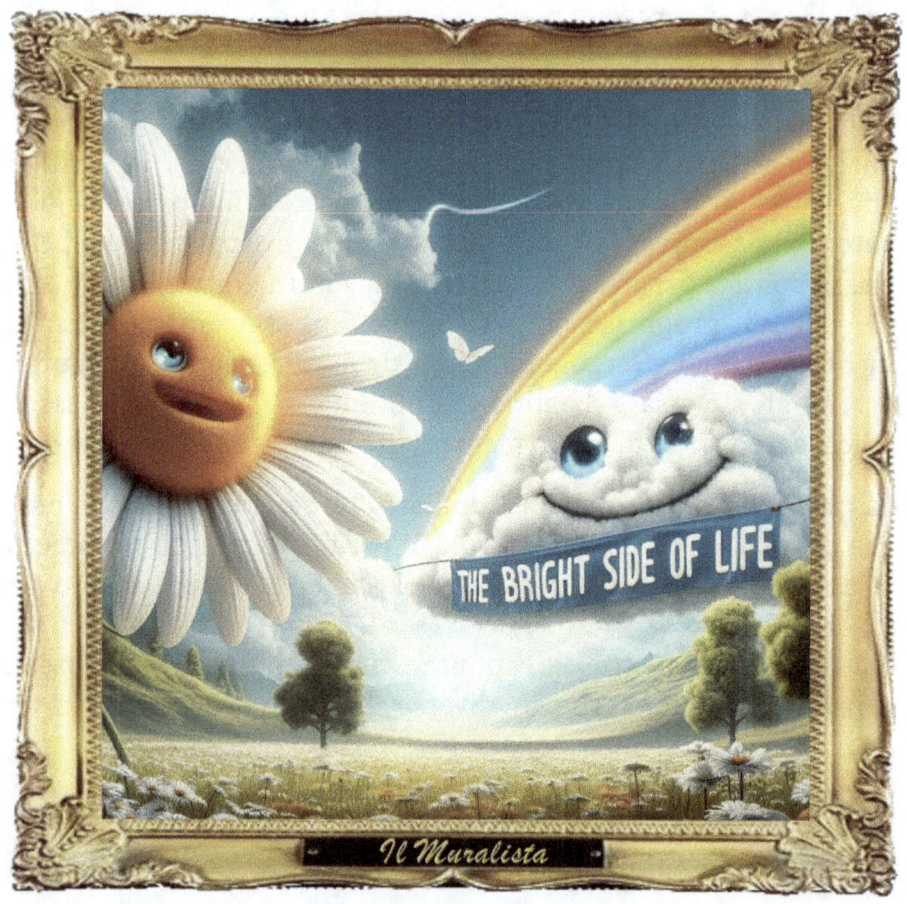

Il Muralista

 In alto a destra, sulle nuvole, si nota una pila che in trasparenza mostra il lato positivo."

Questo quadro incarna una gioiosa e positiva rappresentazione della vita, avvolta in un'atmosfera di serenità e ottimismo. La scelta di un fiore di margherita come elemento in primo piano, con la sua parte centrale che ricorda un viso sorridente in forma di emoticon, è un tocco creativo e giocoso. Questo simbolismo floreale suggerisce l'idea di freschezza e semplicità, elementi che spesso sono associati alla bellezza della vita.

Lo sfondo della campagna con dolci colline crea un'ambientazione rurale e tranquilla, mentre il sole che irradia luce e forma un arcobaleno aggiunge un elemento di speranza e positività. La nuvoletta con due occhioni sereni e la frase "the bright side of life" sottolineano il messaggio ottimista del quadro: concentrarsi sul lato luminoso della vita.

L'uso di colori vivaci e allegri contribuisce a enfatizzare la sensazione di allegria e vitalità che trasmette l'opera. Nel complesso, questo quadro è un inno alla gioia di vivere e ci ricorda di apprezzare e abbracciare il lato positivo delle esperienze quotidiane. La combinazione di elementi visivi e il messaggio incoraggiante rendono questa opera un'ode all'ottimismo e alla bellezza intrinseca della vita.

9

*"La poesia nacque la notte in cui l'uomo contemplava la luna
pur consapevole che non era commestibile."*
Valeriu Butulescu

Il Muralista, durante una passeggiata sul lungomare di una
cittadina meridionale, rimane affascinato dall'entrata al porto
dove sono state erette delle opere murarie per valorizzarne
l'ingresso. Il loro fascino sono le bianche superfici e la possibilità
di affrescarle.

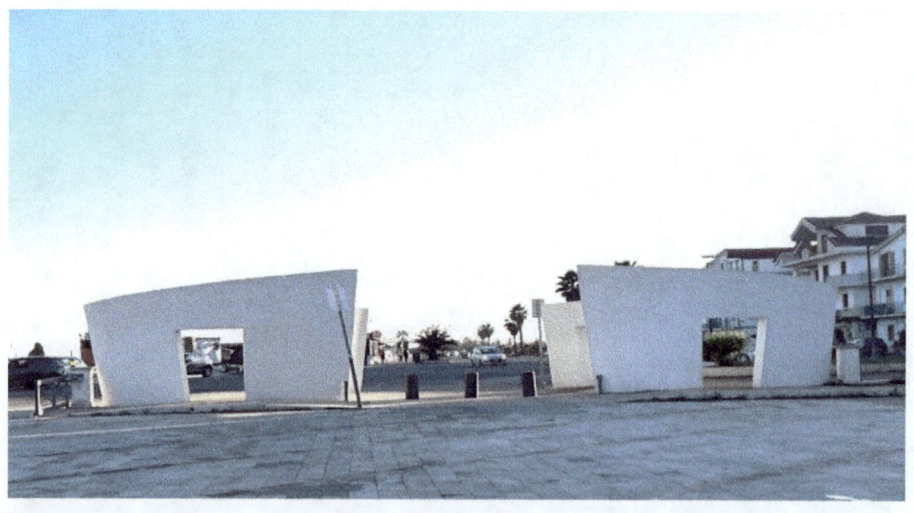

Dopo qualche giorno chiede consiglio al Professor Capacchione
che lo tranquillizza, al massimo si ridipingono di bian-co.

Il Muralista fa recapitare al professore, che approva con entusiasmo, le bozze di alcune poesie con i relativi murales che le rappresentano.

Dopo un paio di settimane, sorpresi, i cittadini possono ammirare i murales.

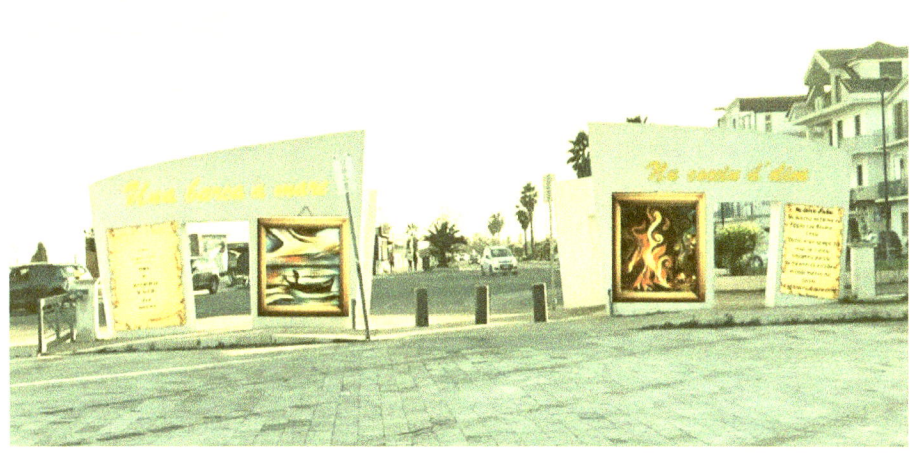

Come al solito sono stati realizzati di notte e nessuno si è accorto di nulla. Tutti si chiedono come sia stato possibile ed ini-zia il via vai di persone che inizialmente scambiano i murales per quadri e più di uno, incredulo, tocca con mano.

Dopo una decina di giorni sulla rivista Artetica compare un articolo che parla dei murales. Di seguito una sintesi dell'ar-ticolo.

"Il Muralista ci ha fatto un altro regalo. All'ingresso del porto di una cittadina marinara sono stati realizzati dei particolari murales, sono poesie illustrate. Belle le poesie e molto piacevoli i murales, alcuni "illuminati".

La prima poesia e relativo murale ci parla di mare, d'altra parte siamo al porto. Il dipinto rappresenta una poesia ispirata all'attività del pescatore. Ne vediamo spesso di barche di pescatori e non facciamo caso a quello che fanno, quali siano le loro problematiche e le speranze dei pescatori.

La poesia mette in evidenza le difficoltà di un pescatore che a fine giornata deve fare i conti con il pescato a fronte dei costi sostenuti. Spesso si viaggia sul filo e a volte i costi sono superiori al valore del prodotto stesso.

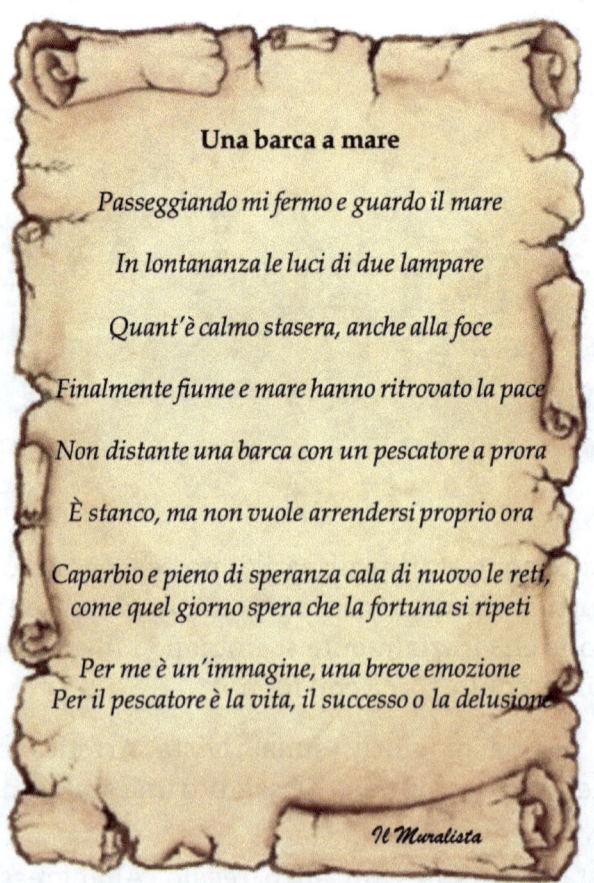

Una barca a mare

Passeggiando mi fermo e guardo il mare

In lontananza le luci di due lampare

Quant'è calmo stasera, anche alla foce

Finalmente fiume e mare hanno ritrovato la pace

Non distante una barca con un pescatore a prora

È stanco, ma non vuole arrendersi proprio ora

Caparbio e pieno di speranza cala di nuovo le reti,
come quel giorno spera che la fortuna si ripeti

Per me è un'immagine, una breve emozione
Per il pescatore è la vita, il successo o la delusione

Il Muralista

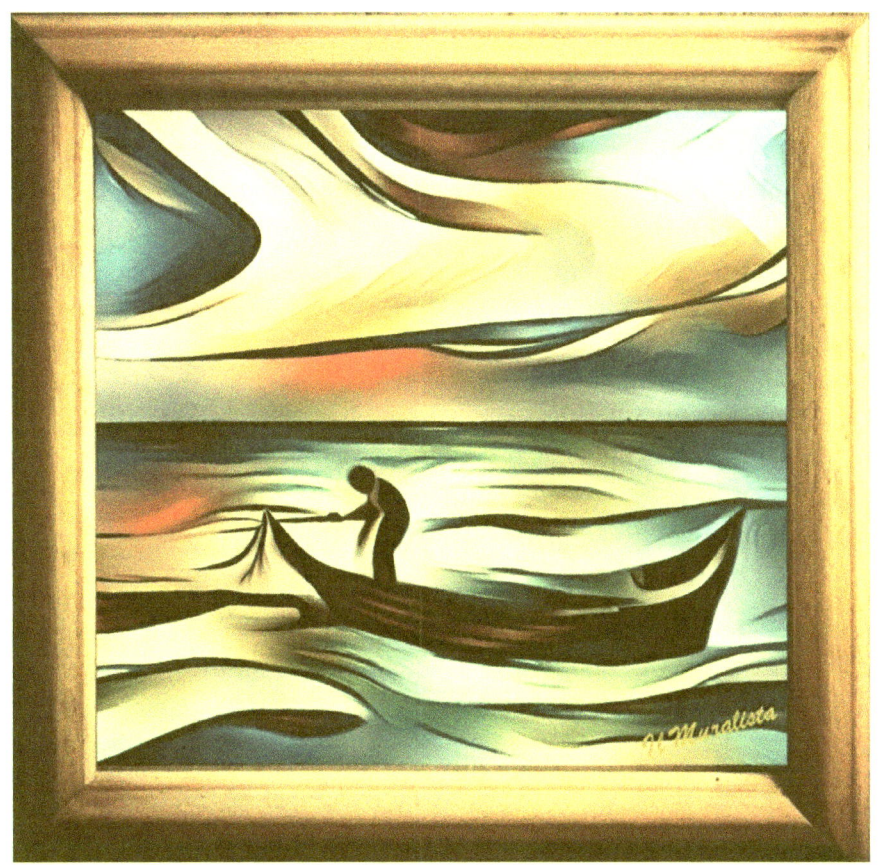

Ma anche quando si pesca non è detto che si incasserà l'intero valore, perché tutto dipende dalle richieste e, quindi, dal prezzo e dalla qualità del venduto.

Naturalmente, il prezzo varia a seconda della domanda e dalla disponibilità di prodotto.

D'estate c'è più richiesta, difficoltà a soddisfare la domanda e i prezzi salgono, al contrario negli altri mesi. Ma oggi è più complicato a causa degli aumentati costi, come il carburante e le attrezzature, ma anche a causa del calo del pescato che a parità di ore impiegate è nettamente inferiore rispetto al passato.

Infine, la filiera del mercato del pesce ha schiacciato i margini dei piccoli pescatori che devono confrontarsi, non certamente alla pari, con i big della grande distribuzione.

Nella poesia si mette in risalto la passione che ci mette il pescatore e che gli dà ancora la forza di continuare. Ma ci sono anche le attese di una famiglia che vive di quest'attività, perché alla fine è il risultato che conta e una mamma dovrà fare i conti con le scarse entrate e di come meglio gestirle per soddisfare le esigenze di una famiglia.

Il disegno è molto bello, pieno di colori, che poi sono quelli della speranza. Mentre il pescatore, come un'ombra, è curvo nell'atto di tirare a bordo la rete. Gesti quotidiani, ripetuti decine di volte al giorno, che non hanno più colore.

Nel secondo murale una poesia dedicata al cugino del pescatore, l'agricoltore.

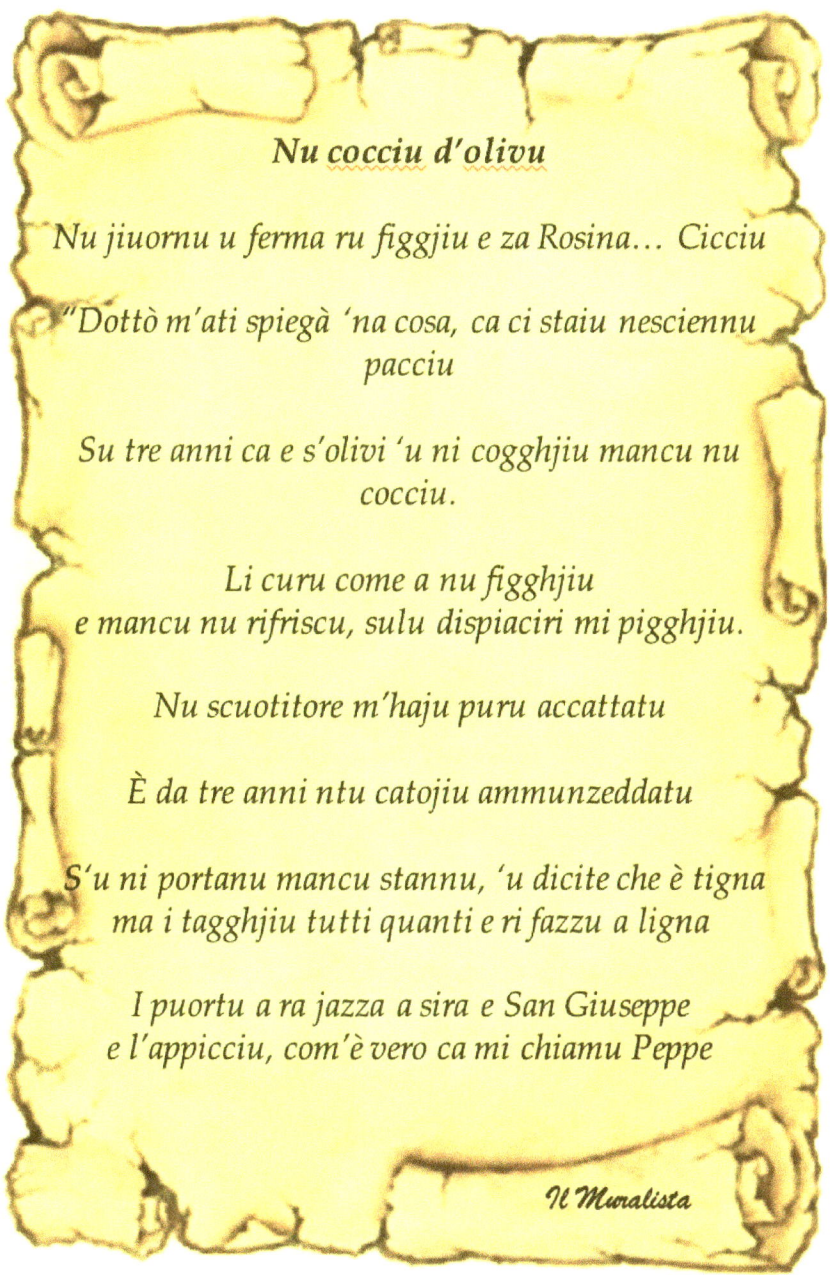

Nu cocciu d'olivu

Nu jiuornu u ferma ru figgjiu e za Rosina… Cicciu

"Dottò m'ati spiegà 'na cosa, ca ci staiu nesciennu pacciu

Su tre anni ca e s'olivi 'u ni cogghjiu mancu nu cocciu.

Li curu come a nu figghjiu
e mancu nu rifriscu, sulu dispiaciri mi pigghjiu.

Nu scuotitore m'haju puru accattatu

È da tre anni ntu catojiu ammunzeddatu

S'u ni portanu mancu stannu, 'u dicite che è tigna
ma i tagghjiu tutti quanti e ri fazzu a ligna

I puortu a ra jazza a sira e San Giuseppe
e l'appicciu, com'è vero ca mi chiamu Peppe

Il Muralista

Ed ecco il murale.

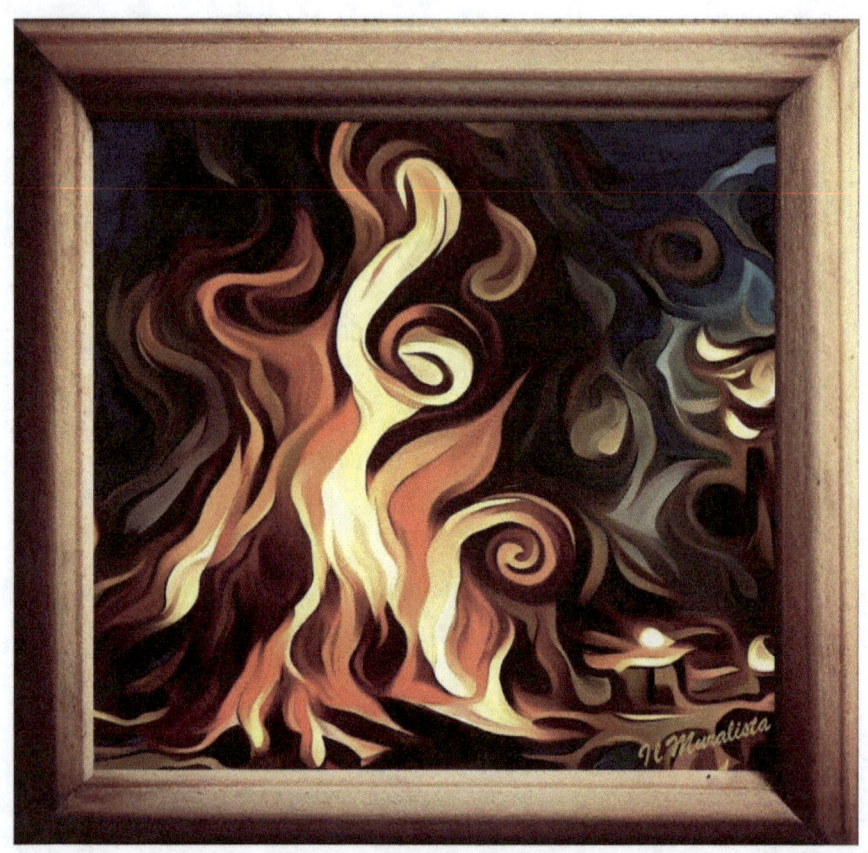

I piccoli agricoltori vivono le stesse problematiche dei piccoli pescatori: tanto lavoro, tanti sacrifici e risultato incerto. Infatti, sono soprattutto gli anziani a fare questo mestiere, mentre sono pochi i giovani disposti a sacrificare la propria vita senza avere la garanzia di un ritorno adeguato all'impegno richiesto, anche se ultimamente si nota un avvicinamento alla terra. Entrambi, pescatori e agricoltori, si alzano prestissimo al mattino e lavorano tante ore al giorno, ma sono troppe le variabili che potrebbero incidere sul risultato finale e che creano una grande incertezza.

In sintesi la traduzione della poesia "Nu cocciu d'olivu". "Cocciu" sta per chicco, in italiano la parola corretta riferita alle olive è drupa.

Un piccolo agricoltore spiega a un Agronomo che da alcuni anni non riesce a raccogliere olive, proprio zero. Lui li cura come figli e nonostante ciò nulla. Allora, se nemmeno quest'anno riesce a raccogliere olive, minaccia di tagliare le piante e farne legna da ardere, ma non per il suo camino, li userà per fare un falò in piazza la sera della vigilia di San Giuseppe. In alcuni paesi del Sud Italia la sera della vigilia di Natale, Capodanno o del santo patrono si fa un grande falò e le persone si riuniscono intorno al fuoco per festeggiare.

Il componimento è scherzoso e musicale, grazie anche all'uso della lingua dialettale, ma il suo significato è drammatico.

Il poeta coglie perfettamente quel senso di frustrazione che attanaglia chi non riesce, pur impegnandosi, ad ottenere i risultati attesi e non per colpa sua e allora dopo l'ennesima delusione potrebbe avere anche una reazione drastica, come la distruzione della propria opera dopo tanto impegno.

Però, se il problema lo affrontassimo dal punto di vista della pianta, probabilmente ci comunicherebbe tutt'altro. Ha fatto il suo dovere per tanti, troppi anni, e adesso non ce la fa più.

Una pianta quando ha problemi, come d'altra parte fa anche l'uomo, pensa a sé stessa liberandosi del fardello della produzione ed è giusto così. Quando è messa in discussione la sua stessa vita, la pianta capisce che non ce la potrà fare a portare avanti la produzione e così alleggerisce le sue pene buttando giù i frutti. Come del resto facciamo noi, quando stiamo male ci mettiamo a letto e non pensiamo a lavorare e produrre. Solo in alcuni casi, quando le piante avvertono il rischio di perdere la vita, caricano più frutti per avere qualche possibilità in più per la propria specie.

Adesso è come se l'olivo si fosse stancato e non ce la facesse più a soddisfare le richieste "egoistiche" del suo padrone. Questa pianta ha alcune centinaia di anni e la domanda nasce spontanea: "Le piante quando vanno in pensione?"

Purtroppo, la risposta è tragica. Sia le piante che gli animali quando non sono più produttivi vengono abbattuti, senza tenere in nessun conto di quanto siano stati utili per noi.

Il murale rende perfettamente l'idea della poesia, rappresentata da un falò come quello che vorrebbe fare l'agricoltore e che appartiene all'usanza dei riti pagani, che attraverso il rituale della purificazione celebravano l'arrivo della primavera e in-vocavano una buona annata per la raccolta nei campi.

Il terzo murale illustra una poesia dedicata ai nonni.

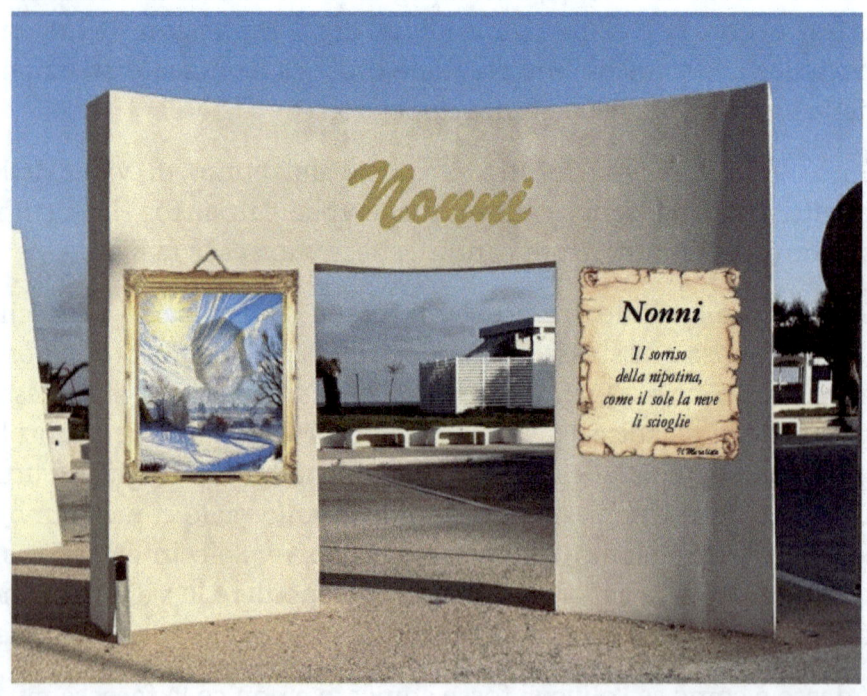

Nonni

Il sorriso

della nipotina,

come il sole la neve,

li scioglie

Il Muralista

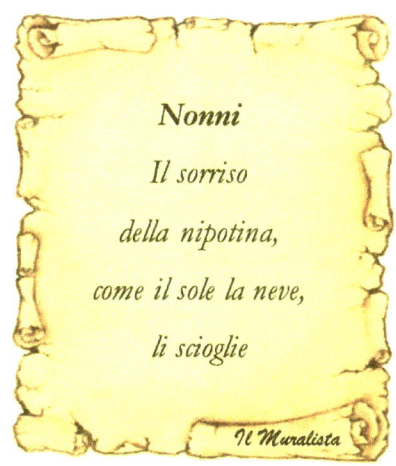

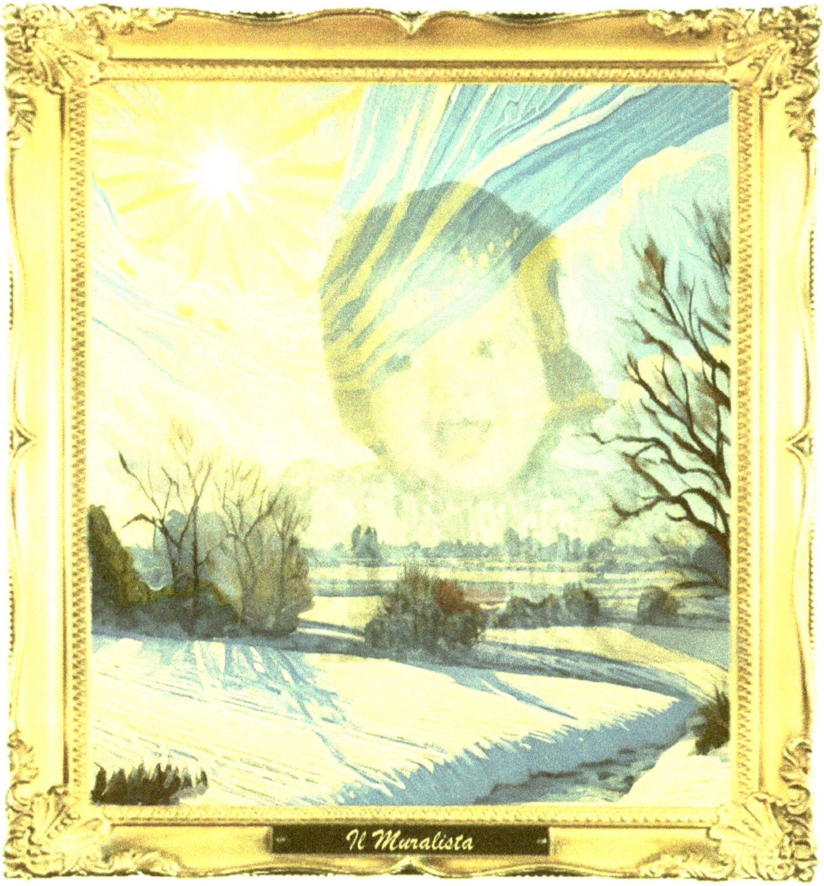

Il Muralista

Nella poesia Il Muralista mette in risalto la profonda emozione che provano i nonni quando si relazionano con i propri nipoti.
Il sorriso di un bambino, come quello del murale, regala grandi emozioni a chiunque, figuriamoci ai nonni.
Il murale rappresenta un paesaggio innevato con il sole alto e forte, il cui calore scioglie la neve e arricchisce e mantiene vivo un ruscello.
In trasparenza il meraviglioso sorriso di una bimba.

Il Muralista dopo aver scritto questa poesia si accorge che nella struttura c'è qualcosa di somigliante a una poesia di Ungaretti e precisamente a "Soldati" che, brevissima, nel testo così recita: "Si sta come d'autunno sull'albero le foglie." Il poeta con poche parole ma con grande efficacia, fotografa la precarietà della vita e non solo quella dei soldati a cui la poesia fa riferimento.
In effetti le due poesie si somigliano nella costruzione e allora al Muralista viene l'idea di fare un omaggio a Ungaretti con una similitudine più esplicita. Lasciandosi ispirare dalla sua poesia più conosciuta "Mattina", anche questa straordinariamente breve "M'illumino d'immenso", ne scrive altre due.

La prima, "Emozione", è scritta in dialetto calabrese.

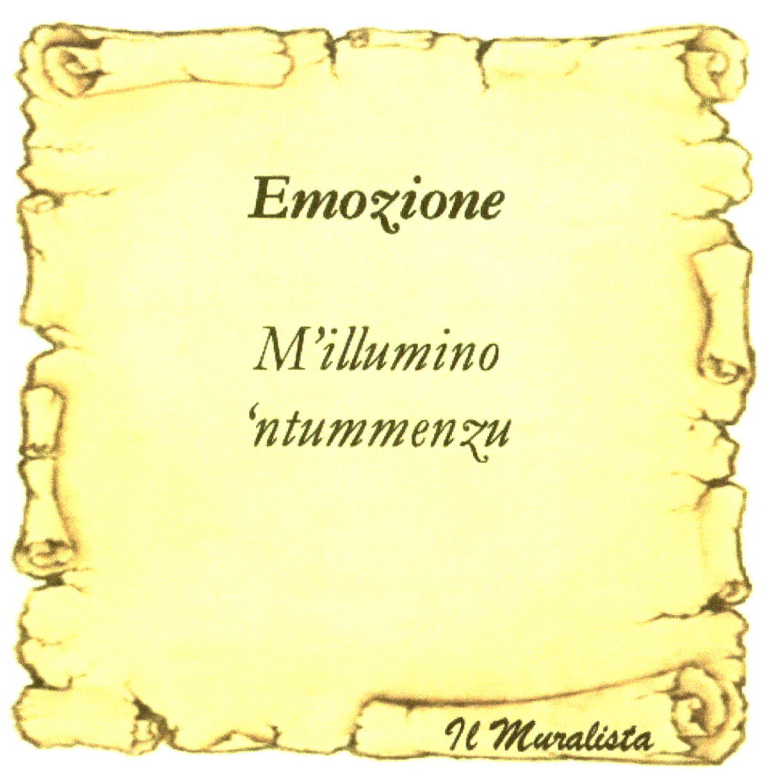

Emozione

M'illumino
'ntummenzu

Il Muralista

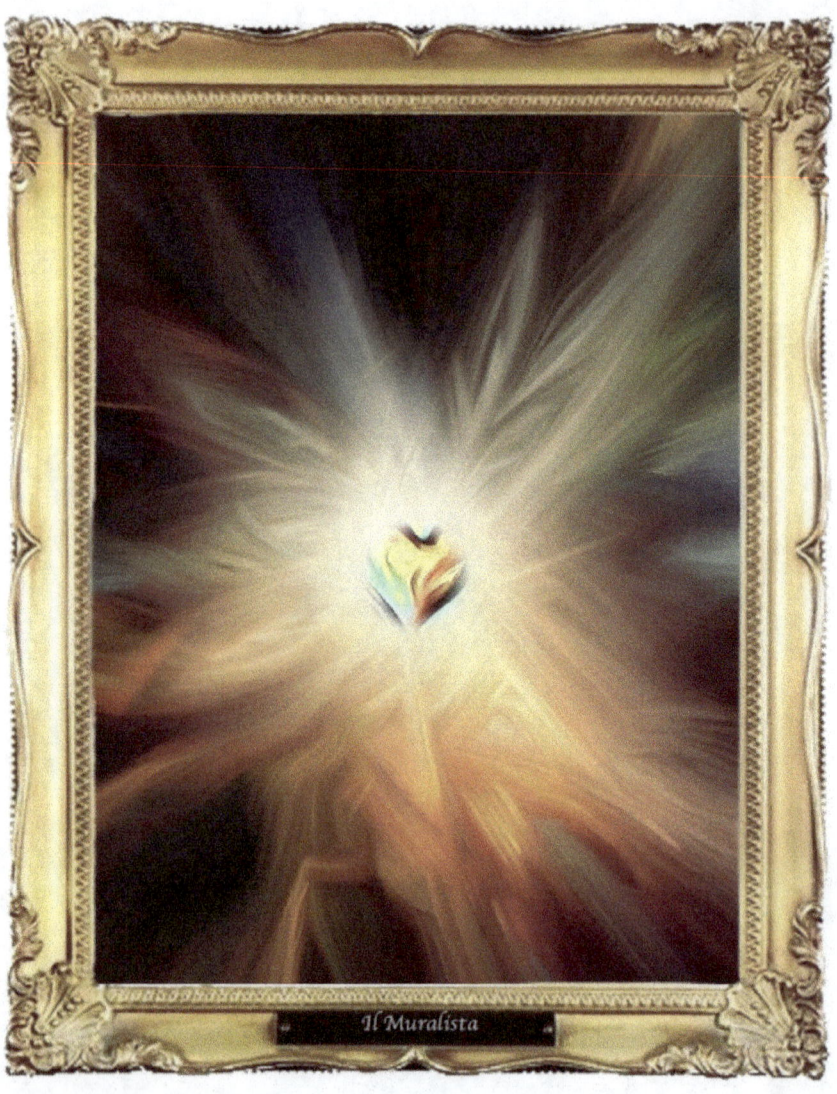

Il Muralista

"M'illumino 'ntummenzu" significa m'illumino nel centro. La poesia si ispira a quella di Ungaretti nella struttura, ma il significato è profondamente diverso.

La poesia è rappresentata nel murale con una luce al centro che proietta i suoi fasci luminosi verso l'esterno.

Il titolo della poesia di Ungaretti è "Mattina", anche se noi tutti ricordiamo testo e titolo come fossero un'unica cosa. Quando l'ha scritta il poeta si trovava in guerra e in poche parole esprime, con rara efficacia, la sua felicità all'arrivo del mattino dopo una notte fredda e buia. La luce lo inonda rendendolo partecipe dell'immensità dello spazio, diventando così un tutt'uno con il mondo. Una grande felicità lo invade quando realizza di essere ancora vivo, proiettandolo con il cuore e con la mente verso l'infinito. In quell'istante ha la piena consapevolezza del valore e della bellezza della vita.

Il testo della poesia del Muralista, come quello di Ungaretti, è brevissimo: "M'illumino 'ntummenzu". La seconda parola dovrebbe essere divisa in due "'ntu" che significa "nel" e "menzu", che significa mezzo, centro, ma Il Muralista s'è preso una licenza poetica e le ha unite perché più simile a come si pronuncia. Il testo della poesia farebbe pensare a una sorta di parodia, ma non è così.

Il punto più luminoso del murale è il centro. Osservandolo bene si vede che è a forma di cuore.
Al contrario della poesia di Ungaretti che richiama all'immensità qui si coglie il particolare, il punto centrale, appunto il cuore, che è l'organo più importante del corpo e che per definizione è quello che ci regala le emozioni. Il parallelismo è evidente, Ungaretti era in guerra e anche oggi c'è una guerra che sta umiliando tutta l'umanità, perché incomprensibile e ingiustificabile.

Il significato della poesia è metaforico ed esprime la speranza che possa illuminarsi il cuore delle persone che sono al potere nelle zone di guerra e non solo.

La speranza che si possa superare l'egoismo e l'odio che di recente hanno pervaso alcuni popoli, e che prevalgano le ragioni del cuore anziché quelle degli interessi, delle rivalità, del potere a ogni costo e del futile bisogno di dimostrare agli altri quanto si è forti.

Nel quinto murale, "Luce", la rappresentazione dell'altra poesia ispirata a quella di Ungaretti.

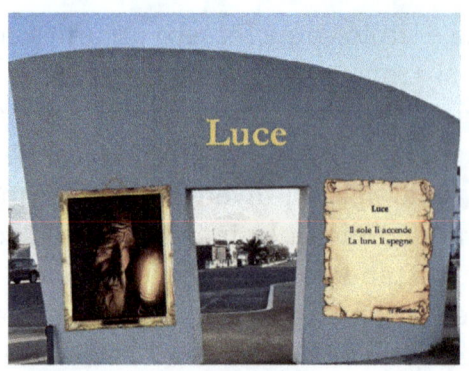

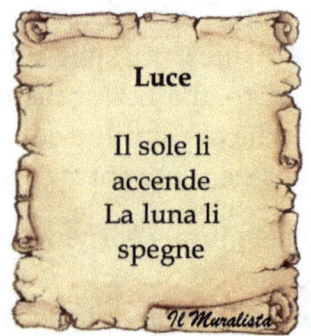

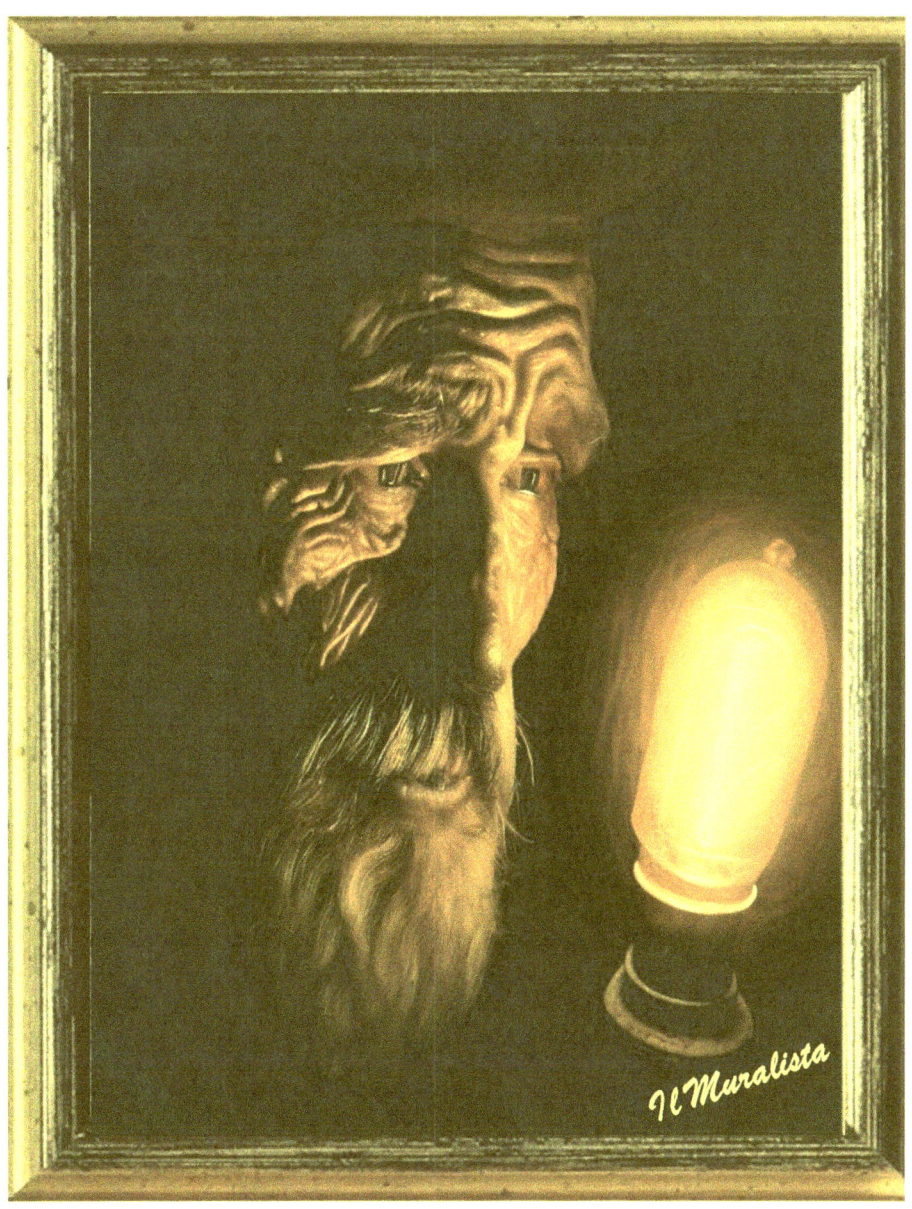

Se "Mattina", la poesia di Ungaretti, è il preludio a un momento magico della giornata, "Luce" fotografa esattamente l'opposto. Il significato, metaforico, riguarda le difficoltà psicologiche di molte persone che conducono una vita piatta e in solitudine, senza stimoli, magari perché in pensione o disoccupati. Insomma persone che non hanno molto da fare durante la giornata e non avendo interessi e passioni che li gratifichino, finiscono per rinchiudersi in sé stesse.

Per tutte queste persone c'è un barlume di vita durante il giorno, quando c'è il sole, perché hanno la possibilità di relazionarsi con qualcuno e con l'ambiente circostante e stanno meglio, si accendono. Ma quando tornano a casa la sera, al buio e soli, si spengono. Per tutti l'auspicio che si possa accendere la luce anche di sera. Che la comunità si possa prendere cura di loro, offrendogli opportunità di relazioni.

I murales non sono piaciuti a tutti. Purtroppo, alcune persone del paese hanno mosso severe critiche nei confronti del Muralista e della sua licenza di "sporcare" manufatti pubblici senza alcuna autorizzazione.

La mattina successiva alla pubblicazione di un secondo articolo su un giornale locale che attaccava l'autore dei murales, la popolazione trova un'altra sorpresa, meno bella della prima. I murales sono spariti. I muri dov'erano stati realizzati sono stati imbiancati e tornati ad essere come prima.
Il professore Capacchione scrive un toccante articolo sulla vicenda e se la prende con i detrattori ignoranti e con il resto della popolazione che non ha difeso l'artista.

L'opera d'arte non deve per forza mettere d'accordo tutti e può anche non piacere, ma rimane un bene e un valore comunque.

Di quei murales sono rimaste solo delle foto, peccato!

10

"Le brave persone non hanno bisogno di leggi
che dicano loro di agire responsabilmente, mentre
le cattive persone troveranno il modo di come aggirare le leggi."
Platone

In una riunione allargata del collettivo politico si sta discutendo liberamente di attualità, in particolare della limitazione della libertà in alcune nazioni, e ci si domanda se noi viviamo veramente in un paese libero.

Dopo vari interventi, Riccardo pone l'accento sul fatto che siamo uno dei paesi europei dove c'è più polizia di stato. Non ricorda bene i numeri, così Luigi fa una veloce ricerca e con stupore scopre che il corpo di polizia di stato che comprende carabinieri, finanzieri, guardia costa e forestali sono impiegati diverse centinaia di migliaia di persone.

A questi bisogna aggiungere i vigili urbani e la polizia penitenziaria, ma anche avvocati e commercialisti, perché di fatto anche loro sono impegnati nelle attività di controllo, leggi difesa dei contribuenti, oltre che a problematiche conflittuali tra le persone o le aziende. Insomma, un esercito di controllori e l'elenco non è esaustivo.

Dopo il resoconto di Luigi, Riccardo riprende il discorso: «Evidentemente siamo un popolo incivile, non rispettiamo le leggi dello Stato, che poi non sono altro che le regole che ci siamo dati noi stessi per vivere meglio e la legge non è altro che una serie di regole e convenzioni sociali emanate e sottoscritte da noi per facilitare la convivenza. Alla fine la nostra indisciplina e scarsa serietà la paghiamo molto cara. Diversi miliardi di euro se ne vanno in fumo perché abbiamo bisogno che qualcuno ci controlli costantemente e, giustamente, i controllori li dobbiamo pagare.

Fra l'altro, la nostra poca affidabilità ha generato negli anni numerose leggi, spesso complesse e complicate, che a volte si contraddicono e che hanno generato un enorme apparato burocratico e che poi ha fatto la fortuna di migliaia di professionisti e di altrettanti faccendieri e pseudo politici, esperti nella proficua arte della corruzione. Tutto questo si potrebbe evitare se fossimo più onesti con noi stessi, con gli altri e con le Istituzioni.»

Interviene Luigi: «Il costo della burocrazia è veramente na cosa esagerata. N'esercito e burocrati da mantenere, senza voler offendere nisciuno, pecché ognuno fatica onestamente e ha da essere pavato.

'O problema non sò i burocrati ma 'o sistema e, oltre al costo, c'è pure o dann che l'apparato burocratico provoca allo sviluppo e al progresso. Per forza che 'o paese ha da rallentà, e ci rimette assai. Ma c'è anche di peggio della burocrazia. Oggi avimm strumenti e mezzi che potrebbero velocizzà a comunicazione e far risparmiare nu sacc e tiempo, oltre che evitare inutili spostamenti, comm 'a PEC e 'a firma digitale e, invece, si continua a richiedere documenti cartacei con firme e controfirme.

A volte ti chiedono pure 'a firma in presenza, e allora devi andare nell'ufficio competente, magari luntanu da casa tua, fare 'a fila e apporre na stupida firma subba nu piezz e carta, quann oramai ci so strumenti digitali che so sicuri e certificati. Oltre alle spese si perdono jiurnate.
Chesta io a chiamm "Birocrazia".»

Come al solito Luigi lascia il segno, dispensando sorrisi sulla bocca dei presenti che fino a poco prima erano alquanto contrariati. Il

Muralista, naturalmente, non perde la ghiotta occasione e dopo qualche giorno su una via del centro storico appaiono tre murali.

Il primo murale è dedicato all'esercito dei controllori.

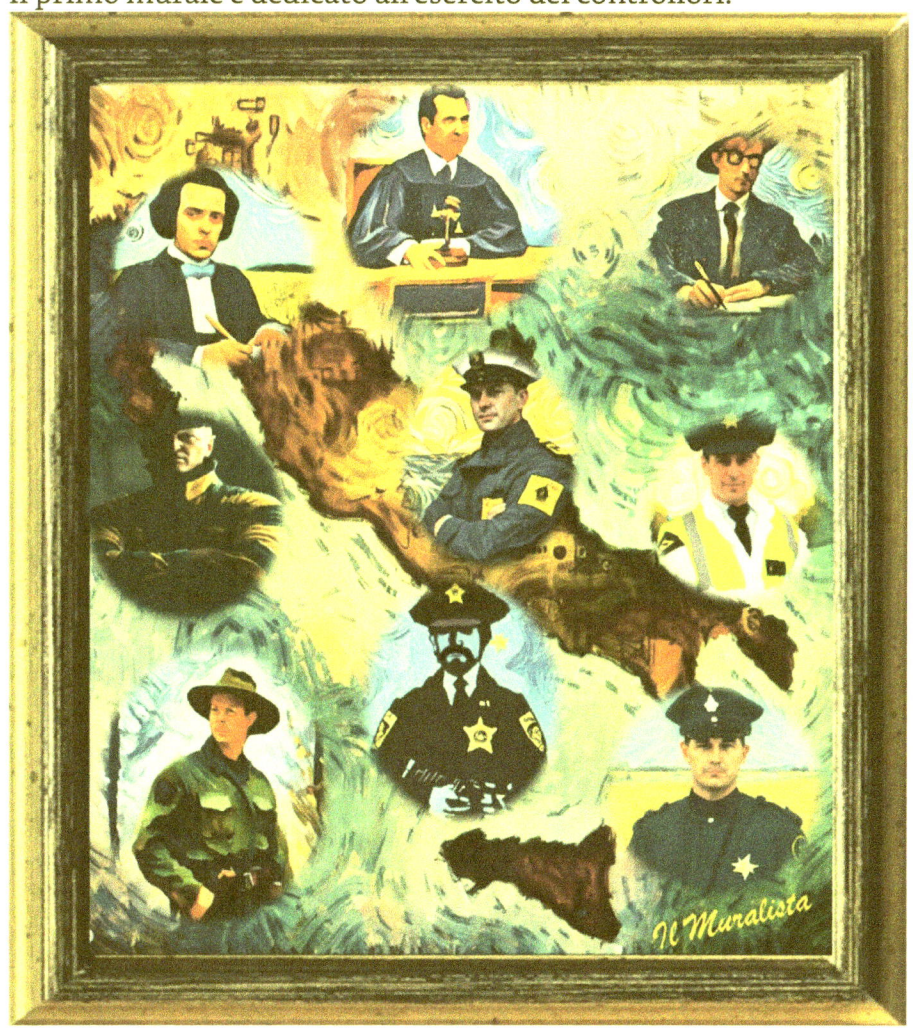

Si possono riconoscere le figure che fanno parte della lista dei controllori. Sullo sfondo l'Italia sovrastata dalle figure che sono deputate a far rispettare la legge. Nonostante le buone intenzioni, queste hanno un impatto devastante sull'economia del nostro paese. Il Muralista lo mette in evidenza con il colo-re scelto per disegnare l'Italia in contrapposizione a quello dei personaggi rappresentati.

Il secondo è dedicato alla burocrazia.

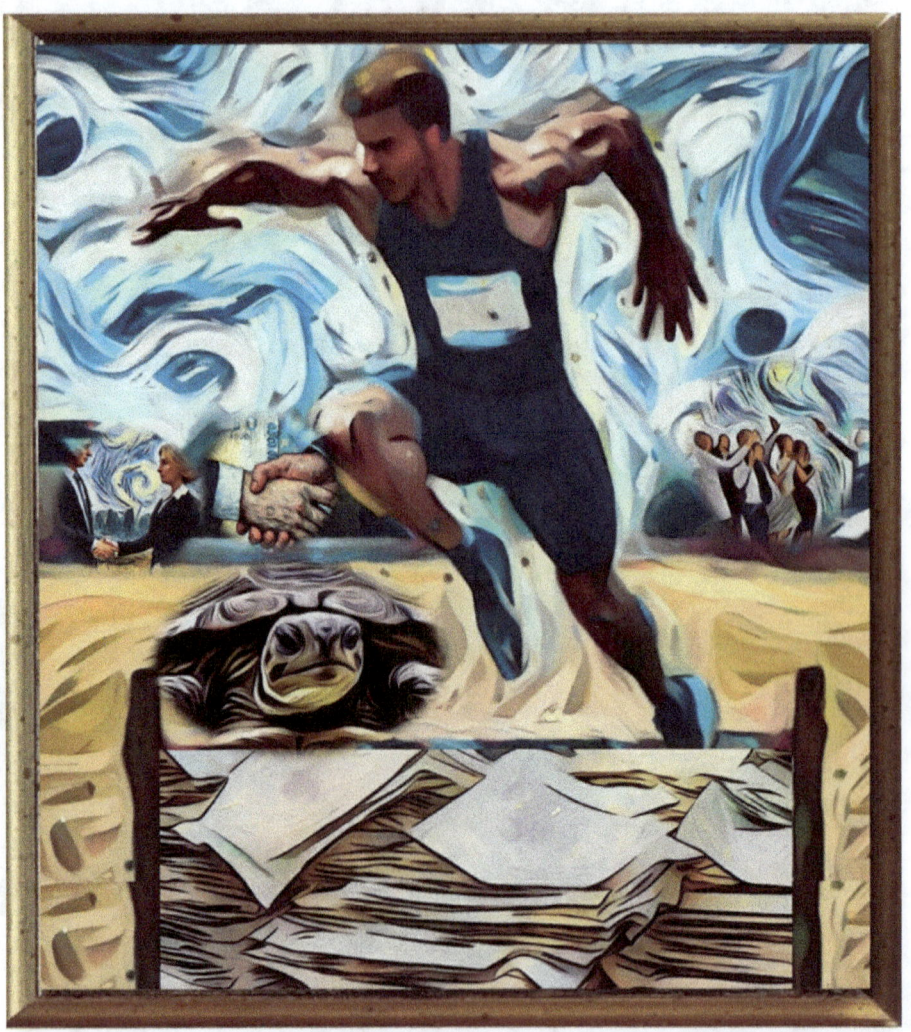

Il murale mette in evidenza gli ostacoli che devono superare quelli che hanno voglia di fare e di imprendere e che sono rappresentati da montagne di carte. Chi dovrebbe correre è costret-to a rallentare e, spesso, procedere al passo di una tartaruga.

Sullo sfondo del dipinto s'intravedono un uomo e una donna che si appartano per parlare di cose che altri non devono sapere. Si nota anche una stretta di mano con un passaggio di soldi, perché la burocrazia alimenta la corruzione, e si nota anche un gruppo, complici del malaffare, che festeggia.

Il terzo murale rappresenta la definizione burlesca della "birocrazia" da parte di Luigi.

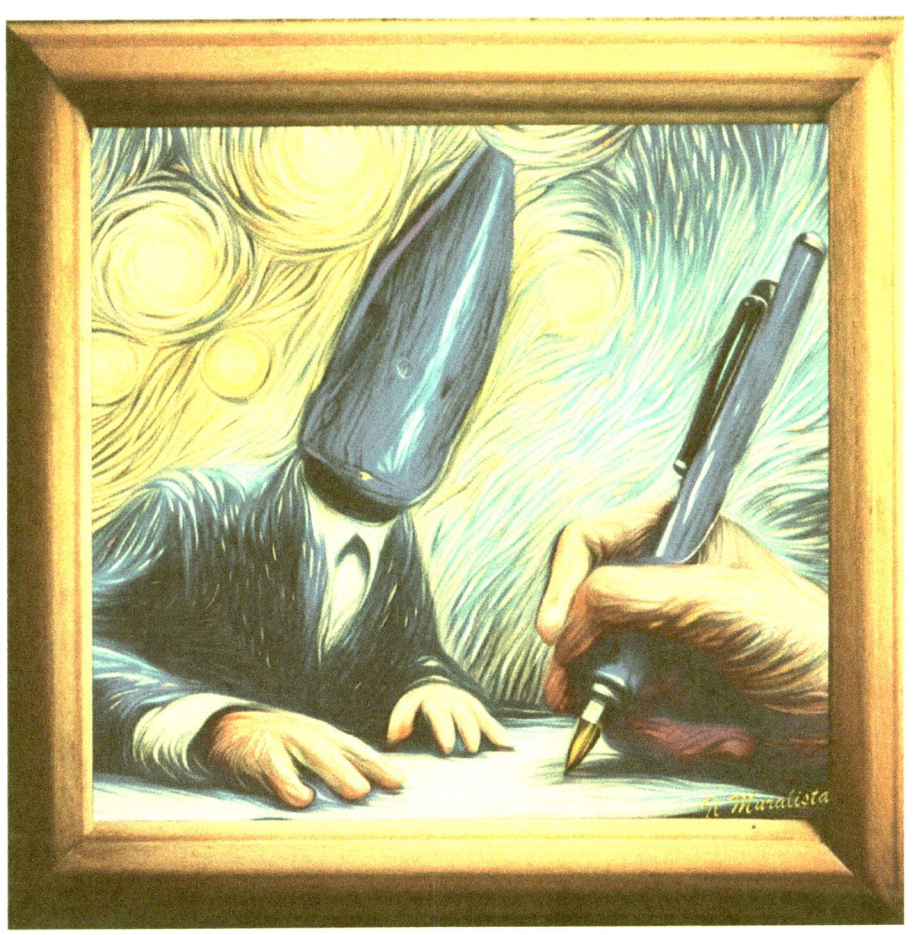

11

*"Baratterei tutta la mia tecnologia
per una serata con Socrate"*

Dopo tante insistenze Il Muralista accetta di incontrare il
professor Capacchione, ma solo dopo aver ottenuto la promessa
che manterrà il segreto. D'altra parte al professore conviene che
rimanga nell'anonimato.

Quando s'incontrano sono molte le cose che il professore vorrebbe
chiedere, ma quella più urgente riguarda la tecnica utilizzata per
realizzare i murales.

Il Muralista accetta di raccontargli tutto a una condizione: non lo
dovrà dire a nessuno.

Dopo aver ottenuto la promessa della riservatezza spiega:
«Professore lei ci ha visto bene fin dal primo momento. I murales
sono delle vere e proprie stampe.»
«Ma com'è possibile?»
«Io e un amico abbiamo messo appunto un drone che funziona
come una stampante. I disegni sono fatti al computer e caricati su
una scheda SDI che viene inserita nel drone. Abbiamo modificato
il pulsante che dà l'avvio allo scatto delle foto, in pulsante start che
avvia il processo di stampa. Il gruppo stampa invece che muoversi
su un carrello viene mosso in aria dal drone.»

«No! Non ci posso credere. I disegni sono perfetti, come può un
drone avere un movimento così preciso?»

«Professore, il drone è del tipo professionale con otto rotori, è molto potente e ha una grande stabilità. Per il movimento abbiamo modificato un software che viene utilizzato per l'aerofotogrammetria.

In sostanza funziona così: si fa percorrere al drone il perimetro dell'appezzamento di terreno da rilevare e il software ela-bora automaticamente il percorso da seguire per coprire tutta l'area.

Noi, invece, gli facciamo rilevare il perimetro dell'area da stampare. Il drone ha anche uno stabilizzatore che gli permette di mantenere una determinata altezza dal suolo.

Nel nostro caso abbiamo portato all'esasperazione la precisione e una distanza dal muro costante di tre centimetri.»

«Ho visto che alcuni muri non sono lisci, ma i disegni perfetti ugualmente, ci vorrà molto colore.»

«Giusta osservazione. Quando il muro è irregolare o troppo poroso, ci passiamo una malta particolare che rende il muro simile a un foglio di carta fotografica. In circa mezz'ora da quando la passiamo è pronta per essere stampata.»

«Avete pensato a tutto, e come fate se finisce il colore? Immagi-no che ce ne vorrà parecchio.»

«Il drone ha i serbatoi dei colori dotati di sensori che segnalano al radiocomando quando il livello scende oltre una certa soglia. In quel caso si blocca e ritorna alla posizione di partenza, home. Dopo il riempimento del serbatoio si fa ripartire il drone che riprenderà la stampa esattamente da dove aveva interrotto. Il drone ha gli spruzzatori simili alle testine delle stampanti che sono utilizzate per la stampa su oggetti e anche gli inchiostri, indelebili, sono simili. L'autonomia di stampa con una carica dei serbatoi dei colori è di circa un metro quadrato.»

«Caspita, un'invenzione eccezionale, dovete brevettarla. Anche perché immagino che sia anche costoso realizzare i murales con questa tecnica.»

«Professore, l'abbiamo già brevettata e abbiamo anche venduto i diritti. In effetti tutti quei murales non li avremmo potuti realizzare se non avessimo venduto i diritti del brevetto. In più ogni tanto incassiamo qualcosa dai concorsi a cui partecipiamo.»

Il professore rimane incredulo, sia per la creativa che per la capacità imprenditoriale dei ragazzi. Hanno avuto un'idea fantastica e la stessa scelta dell'anonimato, aldilà di qualsiasi esi-genza, è stata vincente. Nessuno potrebbe immaginare che i murales in realtà sono delle stampe.

«Senti, siete sempre convinti di rimanere nell'anonimato?»
«Sì professore, per adesso abbiamo deciso così, poi si vedrà.»
«Va bene, come volete.»

Il professore è rimasto molto contento della conoscenza del Muralista, ragazzo estremamente interessante, ed è sicuro che avrà successo nella vita.

12

"Il pentimento è la zattera che ci resta dopo il naufragio"
Abbè Roubaud

Sulla rivista Artetica esce un articolo che parla del naufragio di Cutro.

"Il 25 febbraio del 2023, in prossimità delle coste calabresi e precisamente nei pressi dello Steccato di Cutro (KR), si è consumata una vergognosa tragedia.

Nella notte una nave di Frontex aveva segnalato un barcone con un solo uomo sulla stiva, ma avevano il sospetto che fosse carico di persone. Il mare era agitato e si poteva intuire che fosse pericoloso navigare in quelle acque, soprattutto se chi era alla guida non ne conoscesse i fondali.

Qui scatta il gioco delle competenze che, pare, sia della Guardia di Finanza e che non ha allertato la Guardia Costiera, che anche con il mare forza quattro avrebbe potuto tranquillamen-te intervenire. Ma la comunicazione è stata fatta a Reggio e, forse, si è deciso di aspettare lo sbarco per poi intervenire. Non erano distanti dalla riva. Avevano percorso tante miglia, potevano fare le poche decine di metri che li separavano dalla riva.

Nessuno ha voluto questi morti, se solo avessero immaginato quello che sarebbe successo sarebbero intervenuti tutti, nessuno escluso. Non li ha voluti certamente il Governo.

Però c'è stata una falla, qualcosa non ha funzionato, si è sottovalutato una situazione di per sé pericolosa, e ciò in parte è dovuto anche alla strategia della politica dell'accoglienza nel nostro paese. L'intervento a sostegno delle persone in difficoltà non segue il principio di umanità, ma piuttosto quello dei calcoli di convenienza, come se fossimo in perenne campagna elettorale. Il perseguimento, anche in questi casi, della politica del consenso di cui si è parlato precedentemente.

Come si può risolvere il problema degli sbarchi in Italia? Una delle risposte, egoistica e ricorrente, è quella di impedire le partenze con la scusa che sono pericolose. Ma non si vuole capire che a volte è più pericoloso restare che partire, anche se si deve affrontare un mare cattivo a bordo di una bagnarola.
Non è questa la strada. Il problema è grande, difficile e complicato, e per questo va affrontato uniti. Tutti i paesi civili devono collaborare.

Ci si vanta se, quando si è al governo, diminuiscono gli sbarchi, ma ci dimentichiamo di sottolineare che di pari passo diminuisce il numero delle persone che aveva urgente bisogno di aiuto e non siamo intervenuti. Il più delle volte ci giu-stifichiamo che non è di nostra competenza. Maltrattamenti, morti, soprattutto di bambini, guarda caso ci commuovono se avvengono in alcuni paesi, dove in qualche modo siamo coinvolti o ci coinvolgono, oppure abbiamo degli interessi, ma non in altri.

Il maltrattamento, l'estrema povertà e la morte di un solo bambino è un crimine contro l'umanità e ci dovrebbe interessare sempre e a prescindere.

Abbiamo paura degli sbarchi e degli immigrati. Paura ingiustificata e alimentata ad arte con la divulgazione di false notizie, come quelle che sostengono che le persone che arrivano da noi ci rubano il lavoro e i beni. Ma ci dimentichiamo che senza queste persone saremmo in serissima difficoltà, soprattutto nei lavori più umili e che gli italiani non vogliono più fare perché, giustamente, aspirano ad altro. Non a caso il paese più ricco d'Europa, la Germania, è quello che ha più immigrati, sia in senso numerico che in percentuale, 18% della popolazione contro l'8% di quelli presenti in Italia.

Il 35% degli immigrati è impiegato nel settore dei servizi collettivi e alle persone. Si tratta per lo più di badanti, colf, babysitter e operatori domestici. Il dato rilevato rappresenta una percentuale molto elevata se confrontata con l'equivalente degli italiani impiegati nel settore, ossia solo il 5,2%. Seguono il settore edile, industriale e agricolo.

Gli immigrati sono destinati ai lavori più faticosi, rischiosi e meno dignitosi e, fra l'altro, lavorano spesso senza essere dichiarati e in condizioni disumane, sfruttati e sottopagati, in alcune zone alla mercè della malavita organizzata. Del loro la-voro, però, se ne avvantaggia l'intera comunità.

Dopo il naufragio in città è apparso un murale che fotografa esattamente la situazione. Naturalmente, è firmato "Il Mura-lista".

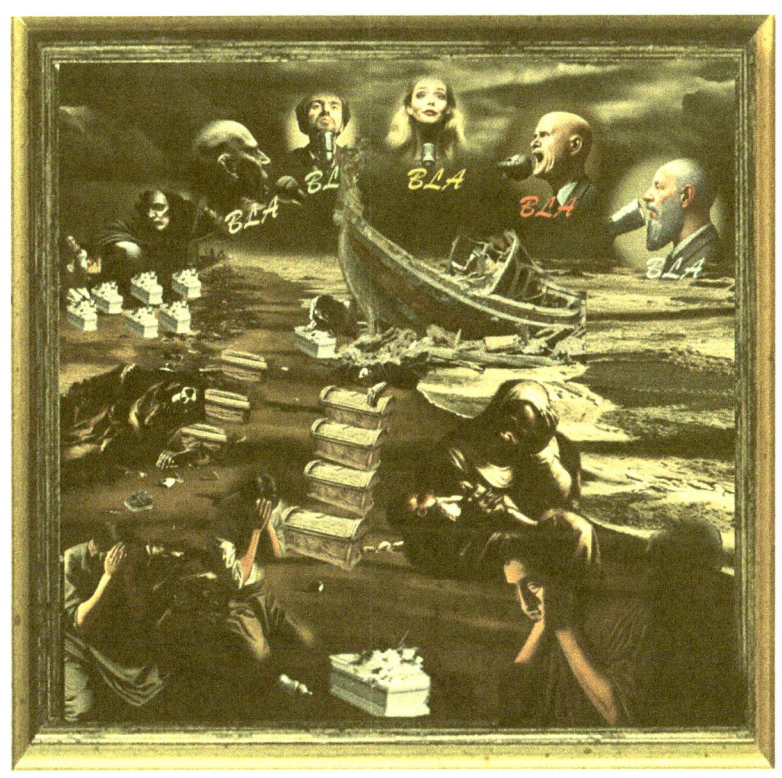

La realizzazione di quest'opera è stata molto sofferta per Il Muralista e ha ritenuto che fosse poco dignitoso apporvi persino la firma.

Nel cuore del murale emergono numerose bare, alcune candide con sopra un mazzo di fiori bianchi, lasciati dalla popolazione locale che ha voluto condividerne il dolore. Questo murale contiene il peso di una tragedia insopportabile: ben 86 vite spezzate, tra le quali 35 giovani anime innocenti. Nel centro di questa triste epopea dipinta giacciono i resti di un barcone, icona muta di un'odissea che ha trasceso la speranza stessa e confidato nella compassione umana.

In questo contesto di profondo lutto, una madre straziata da una sofferenza oltre ogni misura, senza più lacrime, accanto alla bara bianca che custodisce il suo bambino, disperata si chiede perché? Da ore inginocchiata sulla sabbia della riva, vicino la prua del barcone, implora silenziosamente che le onde possano finalmente portarla via, come se il mare potesse, con la stessa crudeltà che ha rapito suo figlio, portare via anche il suo tormento.

Sperimentare la morte di un figlio così giovane e indifeso è una prova disumana, un'insopportabile ingiustizia che strazia il cuore e logora la mente. Ma quando la tragedia travolge un'amorevole e giovane madre, diviene ancor più insostenibile, un dolore toccante che sovverte ogni legge della natura.

Nel quadro, emerge con profonda intensità la disperazione dei sopravvissuti, ma al centro di questa tempesta emotiva si erge una madre di colore, che ne ha subite tante e la cui dignità e coraggio risplendono come una stella in mezzo all'oscurità. I suoi occhi sono pieni di lacrime, eppure il suo abbraccio avvolge ancora amorevolmente il corpo senza vita del suo piccolo, come se la forza dell'amore potesse scatenare un miracolo oltre ogni speranza e, comunque, pur anche consapevole che quegli attimi per lei hanno il significato dell'eternità.

Sulla sabbia, s'intravede appena, giace un biberon, simbolo della buona salute dei bimbi ma che, essendo in questo caso abbandonato, ci riporta alla dolorosa realtà di una giovane vita interrotta prematuramente.

In diverse parti del dipinto, la presenza sinistra della "morte" avvolge la scena in un manto nero di tristezza.

Questa rappresentazione artistica, offre uno spaccato agghiacciante dell'impatto della morte in una circostanza così straziante, ma anche un richiamo struggente a una maggiore comprensione, compassione e, soprattutto, cambiamento.

In alto, i politici e il loro bla bla bla, volutamente disegnati come robot che ripetono sempre le stesse parole nelle medesime circostanze. Quelli al governo cercano di scartarsi dalle responsabilità e gli altri di approfittare dell'occasione per dare addosso agli avversari.

Nel nostro paese non doveva succedere una cosa simile, non ce la meritiamo, perché non siamo così insensibili e menefreghisti, perché abbiamo un'organizzazione di volontari fra le migliori d'Europa e perché siamo molto meglio di come ci rappresentano i nostri politici. Ma abbiamo la responsabilità di delegare troppo, quindi, siamo responsabili anche noi e questa constatazione mi addolora profondamente.

Ora, come dice Roubaud, alle persone che hanno un minimo di dignità è offerta la zattera che potrà condurli in salvo. Si deve solo decidere se salirci e lo si può fare ammettendo le proprie responsabilità e pentendosi di non aver fatto nulla per aiutare quelle povere persone. Condizione indispensabile affinché non succedano altre tragedie.

13

"Darei la vita per non morire"
Jim Morrison

Fra un'ora inizia l'assemblea degli studenti del collettivo e intanto Riccardo, Luigi, Fabio e Rosa confabulano per fare uno scherzo a Martina, una nuova amica di Maria. Ragazza di famiglia facoltosa e un po' troppo saccente. Martina nutre pregiudizi nei confronti dei meridionali e degli studenti di umili origini, ritenendoli ignoranti.

Così, in quell'occasione che Maria non c'è, la mettono in mezzo.
Rosa l'adesca e inizia la commedia: «Lo sai Martina che ieri sera i ragazzi sono andati a teatro?»
«No, non sapevo che frequentaste il teatro, e cosa avete visto?»
«Maferica» Risponde Riccardo.
«Maferica? E che cos'è? Non ne ho mai sentito parlare.»
«Un melodramma del grande compositore siciliano Peppino Guastalafesta.»
«Sono desolata ma non conosco l'opera e tantomeno il compositore.»
«Eppure ci avrei scommesso che lo conoscessi, tu sai tutt cose. Dobbiamo però ammettere che l'autore è molto seguito in Sicilia ed anche in America, ma al nord Italia no.» Risponde Luigi cercando di parlare un italiano corretto.
«Nemmeno io lo conosco. Ma di che tratta quest'opera?» Chiede Rosa.
Risponde Riccardo: «È un trittico di opere che l'autore ha dedicato allo sbarco degli alleati in Sicilia. Questa, in particolare, fa anche

riferimento ai segreti accordi tra la mafia siciliana e gli alleati americani.

I mafiosi si vantano di aver aiutato gli americani a sbarcare in Sicilia e sono convinti che è anche grazie a loro se gli alleati sono riusciti a liberare l'Italia e l'Europa dal nazifascismo.»

«Ah!» Risponde Martina sorpresa.

Subito dopo interviene Luigi con enfasi: «Esecuzione brillante. All'inizio potrebbe anche non piacere, quasi fastidiosa, ma è fatt'apposta. Subito dopo il pizzicato degli archi ti sveglia e attira la tua attenzione, per poi essere catturati da improvvise accelerazioni orchestrali che creano tensione. Ma alla fine lo spettatore viene ampiamente ripagato da una melodia struggente e doce comm 'o café e Napoli.»

«Sono d'accordo!» Risponde Fabio che poi continua: «L'ascoltatore viene dapprima infastidito procurandogli disagio e inquietudine, che il maestro ottiene grazie al passaggio repentino da una tonalità maggiore a una minore, per poi far entrare in gioco i fiati e le percussioni che configurano un dramma apocalittico di paura e terrore. Infine, un barlume di luce che pian piano si fa sempre più spazio, riportando un po' di pace che ottiene abbassando e riducendo magistralmente gli accenti orchestrali e aumentando progressivamente il melodioso canto dei violini. Perché lo scopo è quello di creare e poi consolidare un sentimento di fiducia e serenità.

Ma quando lo spettatore si è completamente rilassato ed è in uno stato d'animo che potrebbe rasentare la noia, lo scrolla pesantemente come quando si riceve una sberla improvvisa e inaspettata, e lo fa facendo rientrare in azione le percussioni. Poi, quando è ritornato pienamente lucido, lo sorprende con figure retoriche e cromatiche che lo rapiscono e lo portano in un mondo onirico, facendogli dimenticare perfino di respirare. È il caso di dire che lo si lascia senza fiato. Infine lo placa e poi lo conforta, facendolo sentire pienamente appagato e felice di essere venuto a teatro.»

Tutti rimango scioccati dall'intervento di Fabio, non solo per il contenuto ma, soprattutto, per come l'ha esposto. Martina, naturalmente, non ha capito il perché, non conoscendolo.

Interviene ancora Riccardo: «È incredibile come quest'opera faccia toccare allo spettatore il più ampio ventaglio degli stati emotivi. Prima, come diceva Fabio, gli procura un senso di inquietudine e insicurezza, spingendolo nel baratro della paura e del terrore che evocano gli orrori della guerra, poi gli dà una speranza e infine la pace e la felicità con una struggente melodia, magistralmente interpretata da un assolo di violino. Emozioni similari a quelle provate dalla popolazione durante la guerra: paura e orrore, poi la speranza e infine la certezza della liberazione che riporta la pace, la serenità e tanta felicità.»

Martina, sorpresa, pensa: «Ma chi sono questi mostri? Perché nessuno mi ha detto che c'erano studenti così colti e profondi conoscitori della musica classica? Devo riprendere Maria su questo argomento. Mi aveva detto che erano di umili origini e io pensavo fossero i soliti zotici ignoranti.»

Martina rimane assorta per qualche minuto, prima di essere svegliata da Rosa che se la porta via.

Poco dopo inizia l'assemblea. Al centro della discussione il problema degli alloggi.

È da alcune settimane che gli studenti protestano contro il caro affitti. Non solo per gli studenti, ma anche per le famiglie e i lavoratori. L'attenzione dei media avviene in seguito a una riuscita iniziativa di una studentessa che piazza una tenda in strada.

Gli studenti del collettivo si sono mobilitatati con assemblee e manifestazioni.
In effetti, per uno studente della classe media spendere cinquecento Euro di affitto per una camera è troppo, perché significa che tra una cosa e l'altra ci vogliono circa mille Euro

al mese. Come fa una famiglia che ha un'entrata di poco più di duemila Euro a pagarne mille per gli studi di un figlio? Figuriamoci quelle monoreddito, i figli non potranno frequentare l'Università

Il collettivo ha deciso di battersi non solo per l'alloggio. Come evidenziato precedentemente da Luigi, lo studente dovrebbe essere a carico della comunità, perché della sua attività futura se ne avvantaggeranno tutti e non solo chi lo ha messo al mondo.

La comunità deve garantire a tutti i ragazzi un percorso di studi in linea con le loro aspirazioni e potenzialità. Naturalmente, non essendo il nostro un paese dalle risorse adeguate alla necessità, si potrebbe iniziare con quelli che vivono in famiglie con una situazione economica che non gli permetterebbe di proseguire gli studi, per poi progressivamente allargarla a tutti gli studenti che ne fanno richiesta.

Bisognerebbe garantire agli studenti almeno vitto, alloggio, spese di viaggio e i libri. A prescindere dal reddito della famiglia, perché è giusto che un giovane sia indipendente dai genitori. Ripagherà con il suo lavoro futuro quello che la comunità gli avrà anticipato.

Fra le tante iniziative ce n'è una di Luigi che è molto piaciuta a tutto il collettivo. Luigi, aiutato da Riccardo, ha scritto una PEC al Sindaco che di seguito si trascrive integralmente.

"Egregio Signor Sindaco,
sono qui per porre nuovamente l'accento su una questione di estrema urgenza che affligge molti cittadini: la grave difficoltà nel trovare un alloggio accessibile nella nostra città. I prezzi esorbitanti rendono le abitazioni al di fuori della portata della maggioranza di noi studenti, creando una situazione insostenibile.

Tuttavia, abbiamo concepito un'idea audace ma potenzialmente risolutiva: sfruttare un luogo trascurato, ma dalle in-numerevoli opportunità, ossia il cimitero. Sì, avete letto bene. Il cimitero offre una soluzione inaspettata. Le cappelle, dimenticate e inutilizzate, potrebbero diventare la nostra ancora di salvezza.

Chiediamo il Suo permesso affinché si possano utilizzare queste cappelle, abbastanza spaziose da ospitare una semplice brandina richiudibile. Naturalmente, ciò avverrebbe solo previo consenso dei proprietari delle cappelle e prima che questi stessi vadano ad abitarle. Non chiediamo molto: un punto d'appoggio, una base per sopravvivere.

In attesa di una Sua risposta tempestiva, Le porgo i miei più cordiali saluti.

La PEC di Luigi è stata postata sui social e ha mandato in delirio tutti gli studenti. L'ironia ha una grande potenzialità e troppo spesso viene sottovalutata.

Il giorno dopo compare il seguente murale.

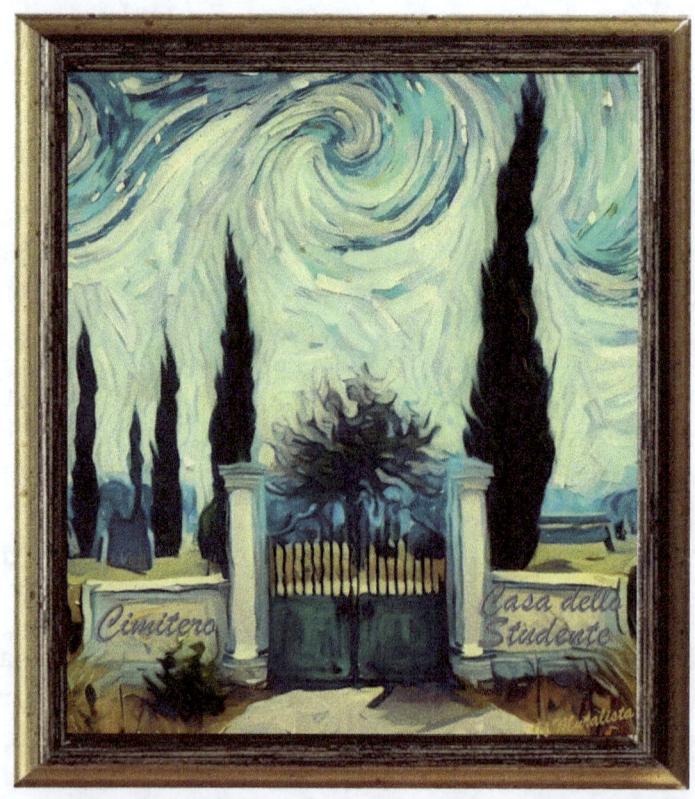

Naturalmente, anche al murale è stato tributato un grande successo. Se ne occupa anche il Professore Capacchione che pubblica un commovente articolo sulla rivista "Artetica".

INFORMAZIONI SULL'AUTORE

Francesco Gangale ha Pubblicato:
- 'O Sistema (copione teatrale - Youcanprint)
- 'O Sistema Guagliò (Romanzo - L'ArgoLibro)
- Il Cercatore di erbe (Romanzo – L'ArgoLibro)
- Gennarino (Romanzo - Albatros)
- Raccolta di poesie (inserite nel libro Luci sparse)

RINGRAZIAMENTI

Ringrazio mia madre e mio padre che mi hanno sempre sostenuto, educato, fatto uomo, e ringrazio mia moglie, i miei figli, Giovanni e Maria Rosaria, e la mia nipotina Virginia che mi hanno dato e continuano a dare supporto, stimoli e gratificazioni.

BOOKS BY THIS AUTHOR

'O Sistema Guagliò

Nel cuore di una Napoli divisa tra problemi insolubili e voglia di tirare avanti, trovano spazio le vivaci figure di Peppe e Pasquale, giovani toccati da destini decisamente diversi e protagonisti di questa intelligente e divertente opera.

Quasi rappresentassero le due facce di un'unica medaglia, i due amici sembrano incarnare insieme gli aspetti più rilevanti della città nella quale sono nati: la povertà e l'espediente per vivere alla giornata, da un lato, e la cultura unita alle capacità oratorie, dall'altro. Peppe e Pasquale sono, in sintesi, un po' il simbolo della grande miseria e della profonda nobiltà di Napoli.

Uniti da un'amicizia forse improbabile in qualsiasi altro luogo al mondo, i due si lanciano nella bizzarra impresa di regalare a Peppe un futuro migliore mediante l'assunzione nel cosiddetto "Sistema", vale a dire nella Camorra.

Il Cercatore Di Erbe

Fiorenzo, il protagonista, è un giovane uomo attento alla natura e al rispetto che bisogna portarle. Questo libro è naturalmente indicato ai lettori e alle lettrici di ogni età. Ideale come lettura di formazione per i più giovani, ottimo come momento di riflessione per gli adulti.

Fiorenzo sceglie di raccogliere e vendere erbe selvatiche, Fiorenzo sceglie di vivere in un modo diverso, ma abituarsi alla diversità dei normali è più difficile che abituarsi alla diversità dei diversi, per dirla con Pontiggia.

Un ritmo diverso, quello di una vita che sceglie di rallentare e di un uomo che decide di occuparsi dei compaesani. Una storia che educa chi legge a stabilire con la natura circostante una relazione armoniosa e rispettosa, che sceglie la strada della cooperazione, un rapporto amichevole col vicinato fatto di gesti semplici e arcaici. Il protagonista ed i personaggi sono, infatti, caratterizzati dai valori più importanti e fondamentali del buon vivere.

Gennarino Venditore Nato

Gennarino sa come progettare e costruire il ponte delle relazioni, che gli permette di entrare subito in empatia con gli altri e guadagnarne la stima e la fiducia.

Attraverso le avventure di Gennarino e Riccardo, possiamo meglio comprendere la vita e le ragioni dei venditori. I protagonisti, infatti, ci offrono uno spaccato dell'affascinante mondo della vendita.

Si sostiene che "La vendita sia il percorso attraverso il quale uno cerca di convincere un altro ad agire." Ma allora siamo tutti dei venditori. Ognuno di noi, ogni giorno, cerca di convincere qualcuno a fare qualcosa o quantomeno ad influenzarne il pensiero.

Questo libro è un romanzo ed è anche un corso di vendita, perché parla di venditori e della formazione degli stessi. Ma è anche un libro per tutti i lettori e le lettrici, perché parla, soprattutto, del complicato mondo delle relazioni interpersonali. Capire i meccanismi e le dinamiche che le influenzano, aiuta a capire sé stessi e ci spinge migliorarci.

Per stare bene, è fondamentale avere delle buone relazioni con i colleghi di lavoro, i vicini di casa, conoscenti e, soprattutto, con le persone a noi più care.

Questo romanzo aiuterà, chi lo volesse, a migliorare le relazioni con le persone che lo circondano.